湛庐CHEERS

与最聪明的人共同进化

HERE COMES EVERYBODY

CHEERS
湛庐

FROM IMPRESSED TO OBSESSED

真体验

[美] 乔恩·皮科特　著
JON PICOULT
马俊斌　译

浙江教育出版社 · 杭州

测一测

你知道如何抓住用户的心吗?

扫码加入书架
领取阅读激励

扫码获取全部测试题及答案，
一起了解如何满足真需求，
解决真问题，创造真用户

- 要想让用户拥有好的体验，商家应该更注重做到什么?（单选题）

  A. 提供相对更低的价格

  B. 提供及时的售后服务

  C. 提供尽可能多的产品功能

  D. 让用户感受到情感上的共鸣

- 宜家在售卖家具时会提供复杂的组装说明，这种策略的目的是什么?（单选题）

  A. 减少生产成本

  B. 鼓励用户提高动手能力

  C. 让用户获得成就感和参与感

  D. 减少用户对成品的投诉

- 关于给用户的惊喜体验，以下哪项说法是正确的?（单选题）

  A. 惊喜是“必须具备”的元素

  B. 惊喜是“最好具备”的元素

  C. 惊喜体验能有效消除用户的不满

  D. 惊喜体验不是用户差异化的有效工具

扫描左侧二维码查看本书更多测试题

推荐序 1

FROM IMPRESSED
TO OBSESSED

真体验是在现场带着心去看见

侯静雯
赛知悦品牌咨询创始人

大家找我聊品牌的时候，常常说宏大叙事，广告、窄告、打法、热点等，我很疑惑。当我作为用户，这些是我最不关心的。我倒是会非常共情书里提到的顾客，他几个月前在开市客买了打印机墨水，收到了品牌寄来的 10 美元现金卡，因为品牌和供应商谈到了更优惠的价格，就把利润让渡给用户。对，作为用户，这才是我们会关心和谈论的，会和品牌建立很“铁”的关系的东西：真诚的、走心的、超出我能表达的体验。所以，让我们以一种更真实、更本质的视角来看品牌——一种存在和持续的体验，也让经营品牌本身成为一种特别脚踏实地的体验。

这是我喜欢这本书的原因：实诚，好用，可以用案例启发，也可以用总结的 12 条关键法则做讨论抓手。

真体验来自真看见

GE 医疗的颠覆性创新并非来自技术，而是来自一名工业设计师在磁共振室门口的“看见”：一个哭泣的 7 岁小女孩，她紧紧地抓着父亲的手。父亲试图安慰她，弯下腰说：“我们已经谈过了，你可以变得很勇敢。”当工业设计师跟着女孩一家走进磁共振室时，他惊呆了：一个黑暗的闪着荧光灯的房间，里面还张贴着警示标志，磁共振成像仪像一个大砖头，上面有一个洞……80% 的儿童在进行磁共振检查时需要注射镇定剂。

这名设计师说这个“看见”改变了他的人生认知，他说：“我的工作是设计，原来我就只关注机器本身，而不考虑患者的真正体验。”

后来 GE 医疗为儿科磁共振检查推出了“冒险系列”，设备和扫描室的风格被改造成海盗船之旅、丛林之旅等冒险主题故事，检查室变成了一个个乐园探险站。这样的创新方案抹除了体验中的负面情绪和焦虑点，为用户建立了正向的峰值体验。

这就是真体验，来自真的看见，看见现场的发生，发现真实感受，用爱去点亮新的体验。这就是品牌体验的本质意涵。

用真看见建构未来真体验

走进现场，进行真正的田野观察是发现创新的第一要务。客户需要什么是被看见的，不是被问出来的。

当别的车商还在座谈会上问消费者要不要第二扇滑动门时，克莱斯勒派了一个团队实地走访客户，在休息站、长途卡车服务站和木材厂对客户的整个体验过程做了拍摄，他们在现场边看边发现了很多好点子：从杯托到纸巾架，到展开式座椅，再到第四扇门，都是客户需要的，但是当你直接问客户需要什么的时候，他们不会主动说出来。

关于如何使用本书，大家可能很兴奋，本书从不同维度提供了 12 款真体验的工具，我想结合我们的工作体验给出几条实操建议：

- 在投入应用 12 个工具之前，先回到建构真体验的本质：做一个普通人（放下所有的职务角色），带着开放的心态，去现场观察用户。用心去发现，意味着问一下自己的感受。如同 GE 医疗的设计师，小女孩的哭泣有没有触动你的内心？这个触动正是建构未来真体验的原点。
- 在有了很多看见的素材之后，我们用 12 个工具来做讨论的启发点。只有在真实的现场发现之下，对这 12 个工具的讨论才有意义，如同 12 根火柴，我们可以轮流点亮创新。
- 作为评估体验设计的维度，看看新的体验设计是否在原来的基础上发生了某些维度的进化。

这本书适合谁？

首先，我很推荐企业的一号位或者 C 位领导者读这本书，这对重新建构企业文化、创新流程和体验以及员工培训等，都非常具有原则性的启发。品牌战略与企业运营就是体验的底层，我们要求团队去创新，去开发，去突破，去关心客户，希望每一家企业及其管理层都能具备“到现场（Gemba）去”的精神，把“在现场带着心去看见”作为一切的起点。当你读到书中的每一个例子，希望你都能认真思考：为什么这家企业能够做到？

其次，我认为负责一线的品牌建设的朋友们很适合读这本书，这样可以少讲宏大叙事，能够花 90% 的时间来思考和重构我们的品牌体验。在设计调研的时候，希望一线的朋友们能够走出办公室，走出“小黑屋”（焦点小组），走进用户现场，带着心去看见用户的需求。

最后，从事人力资源管理和员工培训的朋友同样会从这本书中有所收获。企业的用户首先是员工，如果企业希望给用户带来真体验，那么其第一要务和核心突破就在于，为员工建立真体验。

品牌是用户体验的总和，营销是用户体验的传播

空手
不空谈品牌咨询创始人，场景营销研究院院长

体验是打造品牌的“基建”

我对品牌的系统思考与研究，始于 2012 年研读约瑟夫·派恩（Joseph Pine）和詹姆斯·吉尔摩（James Gilmore）提出的“体验经济”。当时我已经在广告公司待了 6 年多，时时被这些问题困扰：到底什么是品牌？品牌由哪些要素构成？企业又该如何打造品牌？

在此之前，我的主要精力和工作重心都在研究品牌传播上，关注独特销售主张（USP）、品牌

形象、情感诉求、价值观营销等具体创意方向和传播策略。但是“体验”启发了我转向思考品牌本身。品牌传播固然是品牌建设的重要组成部分，但它不是品牌的全部，也不是品牌的实质。

对消费者来说，媒体广告和内容是其了解品牌的一个触点，但是产品、包装、门店、渠道、经销商、代言人、活动、公关等，同样是触点。这些触点共同构成了消费者对一个品牌的印象和认知，或者反过来说，消费者透过不同触点所形成的综合性感受，构成了一个完整的品牌。

品牌代表的是用户体验的总和。为了让品牌变得更有价值、更有魅力，在消费者心目中变成独一无二的存在，企业有必要对各个消费者触点进行全方位管理，输出统一、显著的品牌体验。

10 多年过去，如今“体验”早已成为营销人“言必称”之词，成为打造品牌的“基建”。但到底何为体验？如何打造品牌体验？时至今日，很多人对此的认识依然存在片面之处，甚至存在误解。这就是我们需要这本《真体验》的原因所在。

解决真问题，才能带来真用户

体验关注的不是产品，而是需要真正看见并理解用户的情绪，为用户设计愉悦的惊喜，激发情感共鸣。本书一开篇，就强调了这一点的重要性。书中举了一个关于 GE 医疗的例子，我觉得非常深刻并具有启发意义。GE 医疗开发了新一代先进的磁共振成像设备，并获得了国际工业设计界的表彰。但是很多孩子在走进磁共振室面对这个庞然大物（它在运行中还会发出巨大声响）时，都会感到害怕，以至于近 80% 的儿童患者必须使用镇静剂才能顺利完成检查。

注意到这一现象后，GE 医疗的设计师开始推出儿童友好型的“冒险系列”仪器，将设备和医疗室涂装成丛林之旅、潜艇之旅、太空之旅等，并配以相应的芳香气味和彩色绘本。孩子们不再畏惧检查，医护人员的工作也得以顺利开展，注射镇静剂的儿童比例下降到不足3%。这就是非常生动的体验设计，它站在用户的视角，从用户在产品实际使用过程中的情感需求出发来思考问题。

体验关注的不只是产品带给用户的结果，更是用户使用产品的整个过程。这本书中提出了设计真体验的12条关键法则，其中法则1和法则2强调的就是创造体验高峰和打造完美收官。这来自著名行为经济学家丹尼尔·卡尼曼提出的“峰终定律”。我们对体验的感知和记忆，主要来自体验峰值和结束的时刻，就像宜家会在出口处售卖1元1个的冰激凌一样，这个结束时刻的小惊喜，直接拉升消费者对整个宜家之旅的满意度和对品牌的好感。本书中的法则3强调“易于使用”，这同样是对用户整个使用产品过程的关注。

还有一点，体验绝对不只是服务，更是要真正从用户的角度出发，始终关注并维护用户的利益，创造与用户需求的相关性，并给予用户掌控感。很多企业都强调服务，但是如果你的服务没有给用户带来情绪和精神上的价值，没有和用户需求相关，那么这种服务就只是在增加企业成本。

以上三个观点，就是我对“体验”的一点认识，也是我在看完本书的核心观点和12条关键法则后所作的梳理，供大家参考，也期待这本书能带给大家更多关于体验设计的真知灼见。

最后，本书提到的最后一条法则强调“优雅地补救危机”，这让我想起2023年底，知名户外品牌北面（The North Face）的一个传遍世界的营销案例。当时，一位来自美国的用户正穿着北面的冲锋衣在新西兰徒步旅行，但是途中，她发现新买的衣服根本不防水，弄得她狼狈不堪，于是她在TikTok上发了一条吐槽视频，表示希望北面改进产品设计，并将最新款给她快递到新西兰南岛的山上。

该视频很快走红，获得了千万级的浏览量。得知这一消息的北面，从当地的门店取了一件新的冲锋衣，派工作人员乘坐直升机送到了山中这位女士的手中，并将整个过程拍摄成了视频，完成了一次完美的危机营销，扭转了用户对品牌的评价。这一案例，正是对本书观点的完美注脚。

对于从事品牌营销和商业的人来说，遵循本书中的观点和方法，相信你一定可以打造出来完美的品牌真体验，满足用户真需求，解决真问题，带来真用户、真增长！

满足真需求，解决真问题，创造真用户

如果你渴望的只是让用户满意，那么你就是在追求平庸。

这是当今商业环境中的残酷现实，那些看似“满意”的用户随时都可能流失。在鼠标或智能手机上轻轻一点，人们就可以比以往更加轻松地找到并转而使用其他的产品和服务。在这样难以脱颖而出的环境中，即使让用户满意也不能确保成功，一个企业又如何能在竞争中立于不败之地呢?

这是一个困扰许多企业领导者的问题，然而一些企业似乎已经找到了答案。他们已经知道如何在顺境和逆境中茁壮成长，如何对抗商品化的威胁，如何在最具挑战性的环境中取得成功。请看以下几个例子:

- 在 2008 年至 2009 年，经济“大衰退”最严重的时期，现代汽车的营业收入实现两位数增长，其市场份额惊人地提高了 40%。更令人印象深刻的是，当时许多其他汽车制造商的销售额都在大幅下降，他们却在历史性的经济危机中获得了如此惊人的增长。

- 西南航空公司从一家得克萨斯州本地的航空公司起步，发展成为美国最大甚至可以说最成功的全国性航空公司，连续 47 年保持盈利。在任何行业中，这都是一项令人印象深刻的成就，特别是在竞争激烈、在过去的一个世纪里都难以实现盈亏平衡的航空业中，这样的业绩表现尤为突出。

- 2003 年，苹果公司推出了 iTunes 音乐商店，允许用户以每首 99 美分的价格购买和下载音乐。在第一周内，人们在 iTunes 上购买的歌曲就超过了 100 万首。这是一个非常出色的开局，更令人印象深刻的是，即使可以在其他共享平台上免费获取这些音乐文件，iTunes 的用户却愿意为每首音乐支付将近一美元。

- 在 21 世纪初期，荷兰国际直销银行（ING Direct）成为美国增长最快的金融机构。这家新兴银行（现隶属于 Capital One）进入竞争激烈、交易大、利润率低的银行业务市场，并开始与规模更大、历史更悠久的机构竞争。在不到 10 年的时间里，荷兰国际直销银行成为美国最大的储蓄银行。但最令人印象深刻的是，他们是在放弃银行业里最可靠的一些营收实现的这一目标。

- 2012 年，电子零售商百思买与几乎所有其他实体零售连锁店一样，在亚马逊成为全球电商领导者之后的世界中挣扎求生。百思买要怎样才能够与亚马逊及其专利“一键购买”按钮带来的轻松便捷相竞争呢？5 年后，百思买蓬勃发展，因为他们找到了亚马逊永远无法复制的客户需求。甚至连亚马逊的前 CEO 杰夫·贝佐斯（Jeff Bezos）也对此赞叹不已，称其转变“与众不同”。

现代汽车、西南航空公司、苹果公司、荷兰国际直销银行和百思买都是在面临巨大的经济和竞争风险的情况下，成为行业内“与众不同”的成功企业。虽然它们处于不同的行业，面临着不同的阻碍，但它们最终的成功都源于相同的战略：真正注重用户体验。

这些公司之所以能取得令人瞩目的成功，是因为它们给潜在用户、现有用户甚至员工都留下了深刻的印象。因此，人们开始痴迷于这些公司及其产品，不遗余力地去支持并赞扬它们。

这种策略对各种各样的公司都有重大意义，无论是大公司小公司，公共企业私营企业，还是电子商务的 B2C 和 B2B 型企业。那是因为在如今的世界里，许多差异化竞争优势的来源可能稍纵即逝。产品创新可以被模仿，技术进步可以被复制，成本领先很难实现，就更不用说长久保持了。

然而，真正出色的用户体验和内部的生态支持系统，可以为一个企业带来巨大的战略和经济优势，而这种优势很难被竞争对手复制。

有效运用这种策略的企业有一些共同之处，就是它们已经意识到：**“真体验”不仅仅是“用户服务”。培养用户忠诚度不仅要塑造人们的体验，还要塑造人们的记忆。**最重要的是，它们已经发现了一套基于科学的真体验法则，帮助它们将更多的潜在的用户转化为用户，将更多的用户转化为狂热的粉丝。

这本书讲述了那些广受赞誉的企业使用“真体验法则”取得显著效果的故事。不仅如此，这本书也是你个人的路线图，一本帮助你在自己的公司中利用这些经过验证的法则的指南，从而将公司的用户体验转化为最大的竞争优势。

目 录

FROM IMPRESSED
TO OBSESSED

推荐序 1　真体验是在现场带着心去看见

侯静雯
赛知悦品牌咨询创始人

推荐序 2　品牌是用户体验的总和，营销是用户体验的传播

空手
不空谈品牌咨询创始人，场景营销研究院院长

前　言　满足真需求，解决真问题，创造真用户

第一部分
重新定义用户体验

第 1 章　塑造记忆的关键时刻　003

亚马逊的用户体验　005
什么是真正的用户体验　008
每次互动都是用户体验的一部分　009
互动停止时也是用户体验的一部分　010

第 2 章 真正看见并理解用户的情绪 013
成功取决于让用户的用户满意 013
从你的工作中受益的人都是你的用户 016
把员工也视为用户来服务 017

第二部分
真体验的实践案例

第 3 章 更高收入、更低成本和更强盈利能力 021
用户、员工忠诚度双提升，经济效益随之而来 021
跑赢大盘 100 多个百分点的商业秘密 023

第 4 章 在快速点击和注意力缺失的世界留住用户 027
用户比以往任何时候都更有权力 028
交付的差距正在扩大 029
沿着用户体验路径做差异化 030

第三部分
真体验是如何设计出来的

第 5 章 台前幕后，为用户创造情绪高地 035

第 6 章 像导演一样设计与用户接触的每一刻 039

第四部分
12 条关键法则

第 7 章 法则 1：创造高峰，避免低谷 047
“峰终定律”中的峰值体验 047
诊所新患者的体验高峰与低谷 049
“分装”体验高峰，放大用户的快乐 051
“压缩”体验低谷，减少负面情绪 053
一个高峰可以提升整体的体验 054

第 8 章 法则 2：着重打造完美的收官 059
阿拉斯加航空的 25 分钟行李保障 059
“峰终定律”中的终点体验 060
完美收官，重塑用户的体验高峰 061
3 个有效技巧，精心设计最后的互动 065

第 9 章 法则 3：易于使用 071
“无忧消费”的口号，做到了吗？ 072
不断追求更省力的“一键式”奇迹 074
在被问及之前先解答问题 076
轻松自如的界面，能与“免费”竞争 077
把烦琐的问题留给自己而非用户 080

第 10 章 法则 4：保持认知简单 087
简单就会在市场上获胜 088
用户并不希望有太多选择 089
特斯拉的二元选择，让用户轻松决策 091
在用户熟悉的语境下沟通 093
用简洁明了的视觉设计吸引用户 095

第 11 章　法则 5：激发情感共鸣　103
情感是一种强大的记忆线索　104
为什么亚马逊的情感吸引力全美第一　105
“弗雷迪击掌”，给用户创造情感高潮　107
缓解负面情绪的影响　109

第 12 章　法则 6：给予用户掌控感　115
我们的掌控感越强，就会越快乐　115
做好预期管理，排队也没那么痛苦　117
给予用户掌控感的有效策略　118

第 13 章　法则 7：关注并维护用户的利益　125
把用户利益置于自己之上　127
在战术上积极主动　131
不要“指路”，永远“护送”　133

第 14 章　法则 8：创造与用户需求的相关性　141
经济大衰退下市场份额快速增长的秘密　142
我的用户真正关心的是什么？　144
深入现场去考察　148
疫情带来的“停摆”　150

第 15 章　法则 9：设计每一处细节　159
一个“小错误”就能引起用户担忧　159
寻找矛盾的线索　160
创造独一无二的体验入口　163

第 16 章　法则 10：为用户定制个性化体验　169
基于个体细分市场　170

打开雷达，发现用户未表达的愿望 173

第 17 章 法则 11：为用户设计愉悦的惊喜 181

400% 情绪放大器 182

推翻脚本 183

创建标志性元素 185

第 18 章 法则 12：优雅地补救危机 191

失败补救：飞机上的蛆虫 192

完美补救：丽思卡尔顿的礼服 195

第五部分

创造让用户终生难忘的真体验

第 19 章 顶尖企业如何用 12 条法则赢得市场 205

苹果公司的 iPod：史上销售最快的音乐播放器 207

宜家：靠体验成为全球最大的家具零售商 208

BILT：美国发展最快的私营企业之一 210

Framebridge：重塑保存记忆的方式 214

特斯拉：将汽车用户体验推向新高度 217

第 20 章 你痴迷于创造真体验，用户就会痴迷于你 223

科学设计用户体验的力量 223

通过用户创造复购和推荐 224

让用户痴迷于你的终极魔力 225

注释和索引 227

FROM IMPRESSED TO OBSESSED

第一部分 重新定义用户体验

“真体验”是在每个接触点
激发情感，塑造记忆，
向用户传递独特的价值与共鸣。

第 1 章

塑造记忆的关键时刻

1978 年，发明家托马斯·杰克·伦斯福德（Thomas Jake Lunsford）为一种新型塑料包装申请了专利，出乎意料的是，此专利却在不知不觉中引发了数亿消费者的愤怒。

他的发明是一种蛤壳式吸塑包装，一种将产品包裹在两个形状合适的密封的塑料壳中的包装。伦斯福德的发明最终引发的公众挫败感如此广泛而持久，以至于人们专门创造了一个全新的网络语来描述这种情绪：包装怒。

如果你对这个词还不太熟悉，那么请听听亚马逊的创始人和前 CEO 杰夫·贝佐斯对它的定义："包装怒指我们在试图将产品从几乎无从下手打开的包装中取出来时所感受到的挫败感。"

即使你并不知道有这样一个专门的词语，但你肯定也感受过那种挫败感。很多消费者都有同感，蛤壳式吸塑包装是出了名的不好打开，尤其是在切开或撕扯塑料包装盒时，消费者常会被锋利的边缘所伤害。

你可能还不知道，仅仅在美国，每年就有大约 6 000 人因拆解这种包装而造成伤害被送进急诊室。很多人在面对这种不可思议的包装时会一时变得急躁和用力过猛，以致身体严重受伤，只得前往医院进行包扎或治疗。这种现象并非仅存在于美国，世界各地的消费者都很难打开这种蛤壳式吸塑包装。例如，一份报告显示，有 2/3 的英国人和近 3/4 的加拿大人都曾因这种包装受过伤。

还有更多的人因为这种包装而遭受轻微的擦伤和刺伤，如图 1-1 所示的情况，虽然这种情况并不需要专门去医院处理，但仍然给人留下了痛苦的记忆。还有一些其他形式的伤害也是值得注意的，比如，如果看到父母在给自己拆生日礼物或者节日礼物时被这种包装弄伤了，孩子们可能就会遭受情感上的创伤。

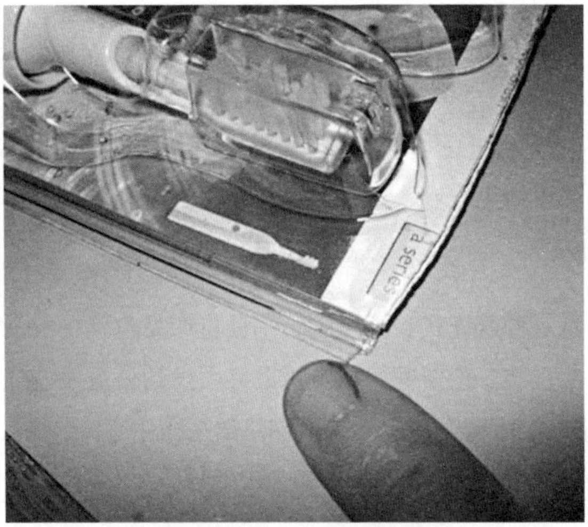

图 1-1　蛤壳式吸塑包装造成伤害

假如不是因为太性急造成了伤害，包装怒还算是一种有趣的挑战。但是，为什么我要在一本关于用户体验的书的开头谈论包装怒这个话题呢？因为从以上的说明可以看出，亚马逊对包装怒这种体验非常重视，这是一个很好的案例。亚马逊对包装怒的回应展现出他们真正理解了什么是用户体验，以及如何有效地去管理。

正如贝佐斯在 2008 年接受《纽约时报》采访时所说的那样："我不能在每个圣诞节的早上都从使用尖嘴钳和剪线钳打开包装开始，但现实我就是这样的，我会注意保护自己，但即便这样，把所有包装打开仍然需要 10 分钟。"他并不是唯一一个因此感到沮丧的人。亚马逊甚至在其网站上建立了一个"包装怒图库"，为用户提供了一个渠道，来发泄因难以打开包装而产生的负面情绪。该图库展示了数十张用户提交的照片和视频，其中一位用户展示了他为了打开亚马逊寄来的产品用到的所有工具（见图 1-2）。

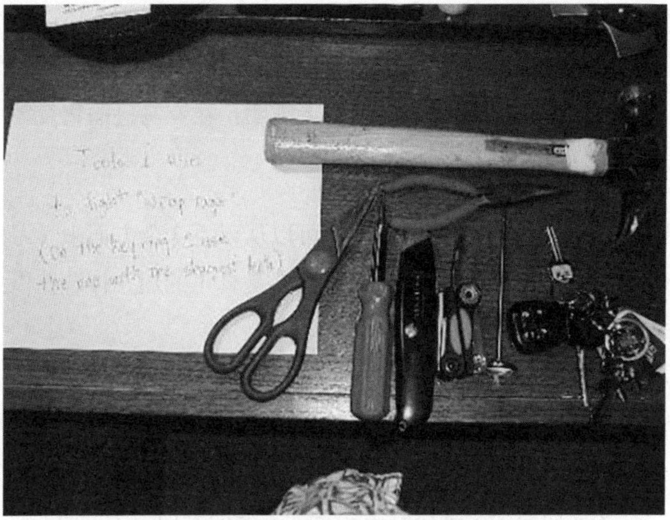

图 1-2　包装怒顾客的留言和打开包装的工具

亚马逊的用户体验

2008 年，贝佐斯和他的管理团队提出了应对包装怒的举措，即采取一种被称为"无挫败感包装"的新型包装方式。亚马逊与其供应商通过商讨，将产品从蛤壳包装中取出来，去掉那些令人烦恼的钢丝扎带和其他难以去除的包装紧固件。他们抛弃了那些令人愤怒的包装，把产品装进一个个易于打开的可回收纸箱中，再运送给每一个用户。当人们收到包裹时，他们可以毫不费力地把产品取出来，再也不会因为拆包装而受伤，孩子也不会因为打不开包装而不耐烦或者哭泣了。

用户喜欢无挫败感包装，因为它们既容易拆开也更加环保。事实上，亚马逊发现，与以往常规包装的产品相比，无挫败感包装在其网站上获得的负面反馈平均少了 73%。

无挫败感包装已经成为亚马逊的一种竞争优势，因为实体店无法复制这种方法，他们需要使用蛤壳包装来防止小偷入店行窃。无挫败感包装还成了亚马逊品牌的一个亮点，同时也向消费者证明：在亚马逊购物及与之互动是一件多么容易的事。

如果想要在市场中脱颖而出，企业可以从以下 3 个方面来学习亚马逊应对包装怒的经验，这将有助于我们理解什么是真正的用户体验，以及如何来提供优秀的用户体验。

- **用户体验是全方位的。**亚马逊已经对用户体验的构成有着广泛的认识，他们意识到用户体验不仅是用户服务。他们注重这种体验所包含的各种接触点和互动。他们发现，人们对亚马逊的看法在某种程度上会受到一些微妙因素的影响，如打开产品包装的难易程度。因此，亚马逊选择像管理用户体验中的任何其他环节一样，谨慎地管理用户体验的最后一个接触点，即“打开包装”这一行为。

  而很多人认为，与用户的最终接触点不在亚马逊的掌控范围之内，一旦产品从仓库运出，亚马逊的工作基本上就完成了，但亚马逊并不这么认为。就你的业务而言，你也不应该这么认为。

  用户体验包括用户从售前到售后遇到的所有现场接触、印刷宣传品和线上互动：了解产品、购买产品、打开产品包装、使用产品、进行维修和保养。它开始的时间比你预期的要更早，甚至早在消费者成为你的用户之前，例如当你向潜在销售对象进行营销时。它持续的时间也比你想象的更长，也许是到对方不再是你的用户时。

管理用户体验就是要有意识地塑造所有这些接触点，不仅仅是用户服务和线上互动，还包括用户与你接触时用户看到的、听到的、触摸到的、闻到的或者品尝到的一切。

- **最重要的是用户的看法。**长期以来，亚马逊一直以自己是一家以用户为中心的公司而感到自豪，这种理念在一定程度上体现为注重用户意见。请记住，正是用户的情绪，包括贝佐斯本人的情绪，促使亚马逊设计出无挫败感包装。

你知道有多少公司会在他们的运输包装箱上印一个网址，专门用来征求用户对产品包装的反馈意见吗？亚马逊就这样做了，这反映出他们坚定的信念：最重要的是用户体验，而不是达成公司内部的指标，也不是符合公司高管的设想。重要的是用户的感受，用户才是产品质量的最终裁决者。

- **用户的观点是由想法和情绪共同决定的。**无挫败感包装是为了消除或至少减轻用户的挫败感而设计的。挫败感是一种情绪反应，亚马逊对用户体验的这种关注反映出一种极其重要的洞察：一家公司给用户留下的印象并非由互动过程中的某种算法和逻辑评估所决定，而应基于用户的感受。

用户体验的有效管理不仅需要关注互动的理性部分，例如，包裹是否会在承诺的时间内送达；还需要关注互动的情绪部分，例如，用户打开包裹时的感觉如何，是兴奋还是恼怒？这两个部分都必须进行主动管理，才会给用户留下一个积极的、不可磨灭的印象。

什么是真正的用户体验

用户体验（CX）这个词有多种定义，但很多定义都是非常书面的，复杂又冗长，更适合用在学术教科书上，而不适合当作组织内部的激励口号。

为了鼓励员工，我们需要一个能让员工产生共鸣、容易理解且根植于每个人内心的定义。根据亚马逊处理包装怒这个故事所提供的背景，我们可以形成这样一个清晰而又简洁的定义：用户体验，就是用户在与你互动过程中的感受，只有把握住了用户的感受，才算是交付了其体验。

这个定义很短，但是别小看它，图 1-3 拆分了这个定义，揭示了一些细微的差别。其中的关键也可归纳为一句话，“真体验”，即卓越的用户体验，是在每个接触点激发情感，塑造记忆，向用户传递独特的价值与共鸣。

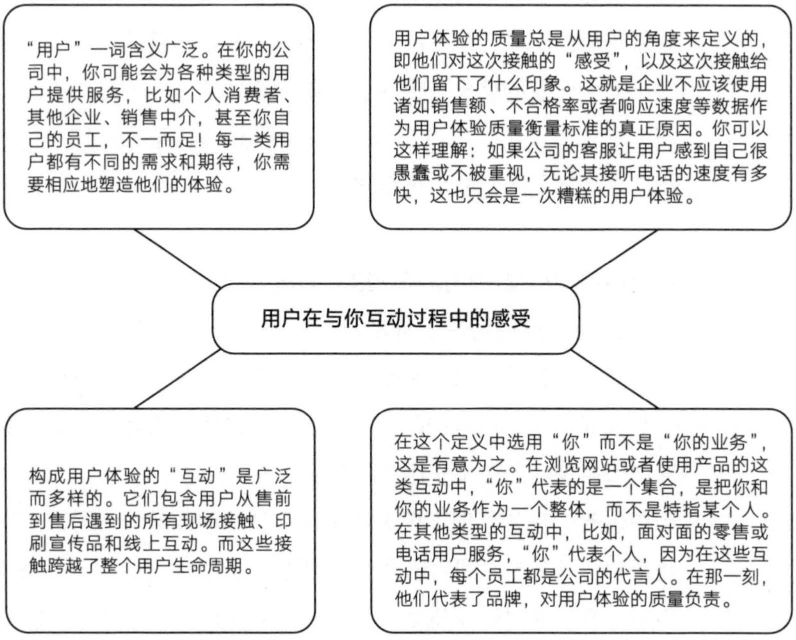

图 1-3　什么是用户体验？

尽管图 1–3 试图将真体验的精髓解释得尽量详尽，但它可能会让你联想到一些其他问题。

每次互动都是用户体验的一部分

每次互动都是用户体验的一部分吗？回答是肯定的。

当有人试图了解你公司的某个产品时，无论他是在网站上还是与销售代表当面沟通，这都是用户体验的一部分。

当有人在社交媒体上看到或者从朋友那里听到关于你公司的评论时，这同样是用户体验的一部分。

当有人购买了你的产品和服务时，这理所当然是用户体验的一部分。

当有人安装或配置了你的产品时，然后接受相关的操作培训，这还是用户体验的一部分。

当有人使用你的产品或服务时，这更是用户体验的一部分。

当有人打电话给你的用户服务团队寻求帮助时，这依然是用户体验的一部分。

这些只是你与用户互动的几种方式，它们共同构成了端到端的用户体验。此外，每个情景都是由接触点所组成的，这些接触点就是用户体验的基本构成模块。例如，在用户了解并购买你的产品或服务的过程中，接触点可能包括现场接触（与销售代表对话），印刷宣传品（发放的印刷的宣传品留下的印象），以及线上互动（公司网站上的信息或者录制的线上研讨会）。

虽然有些接触点和情景比其他的更重要，但它们都在一定程度上影响着用户的体验，哪怕只是在潜意识层面。**创造一次真体验需要将一系列的接触点和情景拼接在一起，从而在整体上给用户留下令人痴迷的印象。**重要的是要记住：在与用户的每一次互动中，无论好与坏，你都有机会塑造用户体验。

如前所述，用户服务和用户体验是两个不能通用的术语。用户服务只是端到端的用户体验的一个组成部分。用户体验的其他部分，根据业务的性质，可能包括了解产品或服务、购买、签约、安装等活动。

关于用户服务和用户体验之间联系的一个独特之处是，在很多类型的业务里，用户对服务有需求可能意味着用户体验中可能存在问题。这是因为用户服务通常只有在用户体验的某个环节出现问题时才会产生额外的服务需求，从而引发服务咨询：产品可能没有达到预期的效果，货物可能没有按时被送达，组装说明书的内容可能不清楚，销售和营销材料可能夸大了产品效果，结果与用户期望不符。

不管是什么原因，业务上游发生的一些事情可能会给下游的用户带来问题。这就转化为缺乏吸引力的用户体验，而为了消除这种体验往往要付出更高的成本！事实上，对于某些企业来说，**卓越的用户体验几乎不需要传统的、售后的用户服务，一切都应像预期一样完美地运转。**

互动停止时也是用户体验的一部分

当用户没有与公司互动时，也会产生用户体验吗？这听起来可能很奇怪，但答案是：会！即使用户最近没有与你互动，他们对公司的感受也是衡量用户体验质量的一个重要标准。

缺乏互动，本身就可能以潜在的负面方式影响着用户的感知，例如，用户可能会感觉信息匮乏或者在某种程度上被忽视了。那些善于管理用户体验的公司会非常关注用户生命周期中的“沉默期”，他们会选择在用户体验中加入全新的互动，努力打破这种沉默，更主动地吸引用户。

图 1-3 中用户体验定义的第一个部分可能引起了你的注意，那就是“用户”这个词的广泛含义。知道如何提供卓越的用户体验是一回事，而了解你应该向谁提供这种体验是另一回事。事实上，正如我们在下一章中会看到的，要回答“谁是我的用户”这个问题，并不像看起来那么简单。

真体验要领

FROM IMPRESSED TO OBSESSED

- 体验常常在人们成为你的用户之前就已经开始了，并贯穿于整个用户生命周期。
- 一次真体验不是偶然发生的。它需要将一系列的接触点和情景拼接在一起，在整体上给用户留下令人痴迷的印象。
- 无论你的内部业务指标是怎么样的，用户对体验的感受才是最重要的。
- 卓越的用户体验几乎不需要传统的、售后的用户服务，一切都应像预期一样完美地运转。

第2章

真正看见并理解用户的情绪

当你听到“用户”这个词时，你会联想到谁?

大多数人会把“用户”这个词与那些真正购买并使用过公司产品和服务的外部消费者联系起来。然而，要打造真体验，就必须对“用户”一词进行更广泛的定义。

成功取决于让用户的用户满意

虽然从你的公司实际购买过商品的个人或机构是你的最终用户，但在交易过程中往往还涉及其他利益相关者，所以，你的公司其实也在为他们服务。这些利益相关者也代表了一种类型的用户，因此，设计出令他们印象深刻的用户体验，对于你的公司来讲，也是拓展业务的好机会。

我们来看一些案例。如果你的公司直接通过网站向个人消费者销售产品，那么很显然，在网上购物的人群就是你的用户。

但是，如果消费者是从一个中间商，比如第三方的分销商或者零售店购买你公司的产品，那么，中间商就是你的另一种类型的用户，而且是需要你好好维护的重要用户，特别是如果你正在与竞争对手争取分销商的特殊关照，或者争夺零售货架的空间时。

如果你的公司是 B2B 的业务模式，那你公司的产品或服务通常被其他公司采购，很显然，这些公司就是你的用户。然而，在每一个企业中都有许多决策参与者，他们在能否让你取得先机上发挥着不同的作用。虽然最终决策者可能只有一个，但是也有很多对采购决策产生影响的人，比如产品的用户、采购人员以及首席财务官等。

以医疗设备为例。医院管理者可能会对购买何种品牌的设备做出最终决定，但实际使用设备的医生和护士很可能也会发表一些意见。他们提出的观点基于他们在使用设备时的个人经验，然而，这种经验在某种程度上往往又取决于患者使用设备时的感受。

因此，在用户体验的这个价值链中，很可能有多个层级的用户参与。这是一个需要认真对待的问题，因为在某些类型的企业当中，**成功意味着不仅仅要让你的用户满意，同样也要让你用户的用户满意。**

在一个组织中，通常有许多员工与购买和使用产品的用户都没有直接的日常接触。这是否意味着这些员工没有真正的用户？

绝非如此！组织中的每个人都有要服务的用户，而且往往不止一个。有的时候，这个用户可能就是另一个部门的同事，或者是坐在附近的同事，他们是内部的用户。这就向我们再次强调了广泛定义“用户”一词的重要性。

内部用户指需要依靠你来完成他们的工作职责的同事。这是一个需要铭记的重要理念，**因为每一次卓越的外部用户体验，都根植于一次卓越的内部用户体验。**

例如，在许多组织中，呼叫中心的客服依赖于 IT 部门提供的系统。当 IT 部门为呼叫中心提供了内部用户体验，也就是提供了一个有效且易操作的系统时，呼叫中心就能更好地为外部用户提供卓越的体验。

销售部的员工依赖市场营销部的人员向他们提供可以影响潜在用户的宣传材料。当市场营销部为销售部提供了优质的内部用户体验，即吸引人的、有说服力的宣传材料时，销售部就能更好地为潜在用户提供卓越的体验。

在现场安装设备的用户代表依赖生产车间的工人向他们提供的设备。当生产车间的工人为现场安装设备的用户代表提供了良好的内部用户体验，即高质量且易组装的设备时，那么在现场安装设备的代表就能更好地为他们的用户提供卓越的体验。

业务部门的领导者需要依赖人力资源部门帮助他们招聘管理和运营人员。当人力资源部门为业务部门提供了绝佳的内部用户体验，即发现并引入顶尖的人才时，公司就得到了所需要的技能娴熟且可胜任的员工，也就能为公司的用户提供卓越的体验。

也许，让所有员工都意识到他们都有需要服务的用户的最好方法就是向他们强调一个简单而基本的事实：无论你拥有什么头衔或担任什么职位，在组织中你只扮演两个角色：要么为用户服务，要么为其他直接对接用户的员工服务。任何时候都是这样。

通过这种简单的方式描述每个员工的责任，将有助于以一种与全体员工相关且可操作的方式构建以用户为中心的理念。它提倡了这样一种文化，即不仅要强调传统的外部用户体验的价值，也要强调经常被忽视但同样重要的内部用户体验的价值。

从你的工作中受益的人都是你的用户

谁是你的用户?

这听起来像是一个愚蠢的问题，因为很简单，谁为你的产品和服务买单，谁就是你的用户，对吧?

从传统的意义上来讲，这是对的。正如我们在前面所提到的，在你公司的价值链中可能有许多不同类型的用户，但是其中有一些人永远不会直接向你支付一分钱。此外，在你的组织中可能有一大批员工专门为内部用户服务，他们都是重要的内部支持者，但他们永远不会因为向同事提供了支持和帮助而因此获得多余报酬。

所以，你以某种方式服务或支持的任何人，不论是在公司内部还是外部，都可以被视为用户。为了帮助你识别出这些人，可以参考以下 3 个方面的问题:

- 无论是你生产制造的设备、撰写的报告、回答的询问、进行的调查研究，还是运维的系统等，谁会使用或者受益于你的工作成果？凡是从你的工作中受益的人都是你的用户。

- 你所输出的工作内容会成为哪些人的输入材料？你所做的工作可能不会直接转化为最终产品，但可能会成为其他人用来构建产品的组件，比如，你收集的数据可能会成为其他人所作报告的一部分。当流程下游的人依赖于你在上游输出的某些东西时，下游的那个人可能就是你的用户。

- 谁会依赖你或你的工作成果来实现他的目标？这个问题可能恰恰最简单、最直接地确定了你应该向哪些人提供卓越的用户体验。

把员工也视为用户来服务

员工也是你的用户吗？让我们用一个简单的提问来回答这个问题。如果你是一名主管，你的员工是否依赖你的协助来完成他们的工作职责？

绝对是的。组织内领导者最重要的职责之一便是帮助团队走向成功，消除员工自己无法克服的障碍，并为团队提供所需要的资源和指导，以发挥他们的潜力。

当然，员工是一种特殊的用户类型，一种非传统意义的用户。毕竟，不是他们付钱给你，而是你付钱给他们。然而，不管资金流向如何，有一点是明确的：就像其他类型的用户一样，员工希望从他们与企业的关系中获得价值。这不仅是金钱价值，还有体验价值，包括技能提升、职业发展、友情、意义感，以及工作的使命感等。

如果一家公司或某个领导没有向员工提供必要的价值，那员工也许会像用户一样背叛公司。他们会辞职，拉高员工流动率，增加招聘和培训费用，降低产品和服务质量，给公司带来很多不必要的压力。

因此，即使是公司给员工发工资，也应该为他们提供价值丰富的就业体验，培养他们的忠诚度。这就是为什么要谨慎地把现有员工和潜在员工都视为用户。

不过，这种争论已经超出了员工敬业度的范畴。为什么领导者通过将员工视为用户会获得更多的益处？这是因为，通过这样做，他们可以亲自向员工示范公司一向鼓励的以用户为中心的行为。还有什么方法能比亲自向自己的团队示范如何提供真体验更好的呢？毕竟，领导者向员工提供用户体验的方式是会影响员工以什么样的方式来服务用户的。

想让你的团队对他们所服务的对象反应迅速吗？那就通过你对团队的迅

速反应，向他们展示这种反应应该是什么样子的。想让他们与顾客高效沟通吗？那就先让他们看看你自己的书面表达和口头沟通有多清晰。对于领导者来说，有无数个可以向员工亲身示范如何提升用户体验的机会和方法。然而，这一切必须从将你负责的员工视为你所要服务的用户开始。

当然，把员工视为用户并不意味着领导者应该迎合员工的每一个突发奇想，或者同意员工想做什么就做什么。领导者有时必须为了更大的利益做出艰难的决定。在这种情况下，有效地为员工服务意味着尊重他们最担忧的事情和利益，并对那些可能不太受欢迎的决定做出周详的解释。

关键的一点在于，在工作场所的每一次互动中，领导者都有机会向员工展示真体验应该是什么样子的。无论你是首席级别的高管还是一线主管，都不能浪费这样的机会。积极地管理和区分公司的用户体验，需要你深度思考自己和公司所服务的用户的所有类型。努力为这些用户群体营造卓越的用户体验，因为他们每个人在塑造人们对你、你的企业和你的品牌的看法方面都发挥着重要作用。

真体验要领

FROM IMPRESSED TO OBSESSED

- 每一次卓越的外部用户体验都根植于一次卓越的内部用户体验。
- 有效的用户体验管理要延伸“用户”的范围，不只是针对购买商品的个人或机构，还要兼顾其他利益相关者。
- 领导者要将员工当作用户对待，凭借自身职位优势，言传身教，助力他们和团队取得成功。

FROM IMPRESSED TO OBSESSED

第二部分 真体验的实践案例

真体验意味着

更好的成本控制、更强的盈利能力。

第3章

更高收入、更低成本和更强盈利能力

假设两个场景：场景一，用户愿意为你的产品和服务多付16%的费用，尽管市场上有更便宜的替代品，但他们还是愿意和你做生意；场景二，将运营费用减少13%，同时改善用户体验，并获得行业内最高的消费者评价。

你不必胡乱猜想，也不必怀疑，因为这两个例子充分证明了真体验对公司的影响。

用户、员工忠诚度双提升，经济效益随之而来

要理解用户体验的经济收益和总投资收益率（ROI），可以看看你公司的利润表，用户体验会影响账目中的两个关键项目。

一方面，真体验有助于提高收入，原因如下：

- **提高用户留存率。**快乐、忠诚的用户会保留很长时间。因此，你可以从每个用户身上获得长久收入，从而推动营收增长。

- **提高用户的支付额。**当用户对你的业务感到印象深刻并开始着迷时，他们更有可能接受你提供的其他产品和服务。这意味着交叉销售也会更成功，从而进一步提高收益。

- **降低价格敏感度。**人们愿意为卓越的用户体验支付更多费用，根据普华永道的一项研究，在某些行业，这一比例可高达16%。这就是为什么有那么多的人涌向星巴克，愿意花二三十元甚至更多的钱喝一杯咖啡，即使他们完全可以自己在家里冲一杯咖啡，或者在任何一家当地的咖啡店买到便宜的咖啡。

- **提高推荐率。**当用户喜欢你的产品和服务时，他们更有可能向其他人推荐你的业务。这意味着你将从所有被推荐的潜在用户那里获得全新的收入来源。

另一方面，收入的提高只是成功的一半，真体验还能更好地掌控运营费用，因为用户体验影响利润表的费用支出，原因如下：

- **降低获取新用户的成本。**当你的忠实用户感到满意时，他们更可能会向自己的朋友、家人和同事推荐你的公司，这意味着公司可以花费更少的市场推广和营销成本获取新用户，从而减少了这部分支出。

- **减少投诉。**当用户感到满意时，他们的投诉就会减少，公司运营方面的压力也会变小。用户的不满和投诉会导致运营成本的增加，因为解决那些复杂的投诉问题会花费员工更多的时间和精力，所有这些都是需要成本的。更少的投诉意味着更低的运营成本和更好的成本管控。

- **减少对服务的需求。**最好的用户服务就是永远都不需要服务的那种服务，因为一切都很完美，正如预期的那样，用户不需要向你寻求帮助。例如，美国无线运营商 T-Mobile 重组了其服务团队并给予了更大权限，让服务团队可以“一次性完成”用户的请求，从而避免呼叫转移和回拨。这一改变使得客服费用减少了 13%，同时该运营商的客服质量在行业排名中仍名列前茅。

- **更少的指导。**让用户感到快乐并对你忠诚会带来很多好处，其中之一就是他们熟悉你的产品、服务和经营方式。这意味着与全新的用户相比，他们需要的指导更少，这也会减轻公司的运营压力，并使你能够以更具竞争力的成本来提供更好的用户体验。

- **员工流动率下降。**强大的用户体验不仅有助于减少用户流失，还会对员工流动率产生正向影响。这是因为用户感到不满意、沮丧或愤怒时，会给与他们互动的一线员工带来压力。每一个电话、每一封电子邮件、每一次面对面的交流都会消耗员工的情绪，因为如果用户不高兴，很可能会对与他们打交道的公司人员大发雷霆，员工会感到筋疲力尽。英属哥伦比亚大学最近的研究结果显示，这将导致员工流动率大幅上升。因为此类原因产生的直接和间接费用可能是离职员工工资的 90% ～ 200%。真体验可以减轻工作环境的压力，从而帮助公司避免员工离职带来的巨大支出。例如，在对用户服务模式进行相关改进后，T-Mobile 的员工流动率下降了 48%。

跑赢大盘 100 多个百分点的商业秘密

卓越的用户体验会带来经济上的回报，而糟糕的用户体验则会带来损失。

或许用来自世界各地商业领袖的“通用语言”——股东价值来说会更有说服力。

10 多年来，水印咨询公司（Watermark Consulting）基于第三方消费者调查追踪在用户体验方面排名最高的公司和排名最低的公司的股东总回报率，发布了一份《用户体验投资回报率研究报告》。该研究的数据来自两个同等权重、每年调整的模型组合：一个由用户体验领先公司组成，另一个由用户体验落后公司组成。结果令人震惊，见图 3-1。

在 13 年的时间里，用户体验领先公司投资组合的表现比大盘（以标普 500 指数为例）高出 100 多个百分点。相比之下，用户体验落后公司组合的表现明显落后于该指数。总体来看，用户体验领先公司的股价优于市场价，且股东总回报率是用户体验落后公司的 3 倍多。

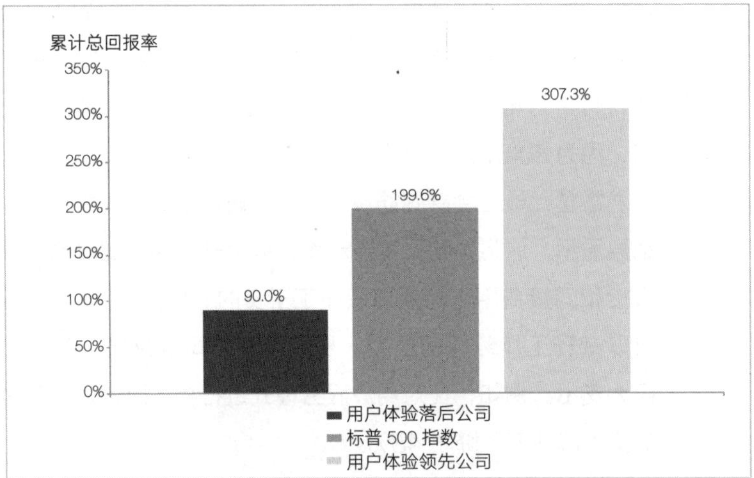

图 3-1　2007—2019 年用户体验领先公司和用户体验落后公司的股票表现研究结果

资料来源：水印咨询。

这就是用户体验让人惊叹之处。**用户体验领先公司投资组合中的公司享受到“忠诚度提升”带来的所有益处：更高的收入、更好的成本掌控和更强的**

盈利能力。而用户体验落后公司投资组合的表现则刚好相反：收入增长乏力，成本增加，盈利能力下降。

水印咨询并不是唯一得出这个研究结论的公司。基于美国顾客满意度指数（ACSI）开展的另一项著名的股票表现研究也得出了类似的结论。在 16 年的时间里，根据对 50 万消费者的年度调查，这项 ACSI 研究发现，用户体验领先公司投资组合的表现比标普 500 指数高出近 5 倍。

即使你的公司没有公开上市交易信息，这些股东回报研究的结果仍然是有参考意义的。这些分析真正证明了，能够长期提供真体验的公司比那些不能提供真体验的公司能占据更大的市场份额。而且，这个结论对公共和私人实体都有实际的指导意义。

这里需要注意，尽管用户体验对企业的长期成功至关重要，但它也并不是万能的。水印咨询和 ACSI 的研究反映了用户体验领先（或落后）公司的平均绩效，因为这些分析是基于组合模型的汇总结果。用户体验领先公司是否也会产生糟糕的财务绩效或股东回报？是的，但这种情况是例外，而不是常态，且不应该成为削弱用户体验的理由。

事实上，与用户体验质量无关的很多错误的战略决策和糟糕的商业行为都可能使一个组织走向灭亡。一个经典的案例就是博德斯书店（Borders Books），在 2011 年获得弗雷斯特市场研究咨询公司（Forrester Research）的年度用户体验指数研究排行榜第一名不久后，它就申请了破产。

高度令人满意的用户体验也无法抵消这家零售商因战略失误而带来的负面影响：失败的国际扩张将高管的注意力从美国的核心业务上转移开，公司将在线图书销售外包给其最强大的竞争对手亚马逊，长期租赁造成的资金流失限制了该公司对当地房地产市场变化的适应能力，再加上高管层 3 年更换 4 位 CEO 的令人难以置信的超高离职率带来的混乱，使其雪上加霜。

抛开博德斯式管理不善的故事不谈，强大的用户体验显然会助力一个公司扬帆起航，在普通大众和华尔街精英中都能吸引众多粉丝。真体验背后的经济考量已具有说服力，而在竞争环境下考虑用户体验的情况则会更加引人注目，这是我们在下一章将探讨的内容。

真体验要领
FROM IMPRESSED TO OBSESSED

- 真体验会带来较高的用户留存率、较低的价格敏感度、较大的支付额和较高的推荐率，从而提高收入。
- 真体验还有助于更好地掌控运营费用，因为它能降低获取新用户的成本，减少导致运营成本上升的用户投诉，降低员工流动率。
- 强大的用户体验能助力企业扬帆起航，但它绝非万能。错误的战略决策和糟糕的商业行为，都可能使一个组织走向灭亡。

第4章

在快速点击和注意力缺失的世界留住用户

尽管经过多年的努力，但现状并不乐观，许多公司今天给用户留下的印象并不比25年前好。下面的统计数据令人震惊。

1994年夏天，克拉斯·福内尔（Claes Fornell）博士推出了ACSI模型，这是一个公认的跨行业的用户体验质量衡量标准。福内尔开发的这个指数填补了产品和服务质量衡量标准的空白。30余年来，历经数百万次的消费者访谈，ACSI仍然是媒体经常引用的重要用户体验指标。

ACSI的分数从0（最差）到100（最好）。1994年第三季度，ACSI首次发布了全美跨行业的顾客满意度指数，该指数为74.8。而2021年的第一季度，这一数字是73.6[①]。

经过企业几十年来所谓的提升用户体验，即从全面质量管理到精益六西格玛（Lean Six Sigma），从大数据到预测分析，从用户关系管理（CRM）到人

① 请注意，在新冠疫情侵袭美国的前一年，ACSI的指数在75～76之间徘徊。因此，虽然在疫情期间指数有所下降，但这个因素并不能解释用户满意度的低迷状况。

工智能（AI），从用户之声项目到首席用户官等，最终却导致美国整体用户满意度的下降，具体来说，下降了 1.6%。

当然，ACSI 分数在过去的 20 多年里一直都起起伏伏，但在 2021 年，这个衡量用户满意度的指标与 1994 年相比基本没有变化。这是为什么呢？有以下几个解释，它们强调了公司为什么必须关注用户体验，以及如何通过关注用户体验来获得竞争优势。

用户比以往任何时候都更有权力

人们不再只是评估行业内的用户体验质量，而是进行跨行业评估。如果亚马逊能让我追踪自己订单的每一步状态，那么为什么我在汽车维修店就不能监测我的车辆的状态？既然在拨打美捷步（Zappos）的客服热线时，总是由礼貌专业热情的客服及时接听我的电话，那么为什么医疗保险公司的客服就做不到这一点呢？

尽管跨行业用户满意度的总体状况在现实中可能不尽如人意，但有一些公司已经成功做到了与众不同，并提供了令人印象深刻的体验。这些公司正在为所有其他公司设定用户期望值的标准，即由于少数公司在用户体验方面做得非常好，人们就会期望自己在与其他公司合作或者接受相关服务的时候，也可以享受到类似于标杆公司所能提供的用户服务。

这些重新设定的更高的期望不仅适用于各个行业，也适用于各种商业模式。82% 的企业采购人员表示，他们希望在专业领域也可以获得那些在个人服务领域所获得的高质量的用户体验。因此，如果你是一家 B2B 企业，用户的期望不仅仅由他们在另一家供应商那里获得的最近一次体验决定，还受他们在星巴克、亚马逊或苹果那里获得的最近一次美好的用户体验影响。

许多企业提供的用户体验根本没有跟上用户对用户体验期望值的步伐。因此，即使企业在用户体验质量方面逐渐取得了进步，也没有将这种进步转化为像 ACSI 等用户满意度整体衡量指标的相应提升。

交付的差距正在扩大

由于用户随时都在期待着高质量的用户体验，而企业却未能及时提供，交付的差距就随之出现。用户的期望和企业实际提供的服务的差距，在某种程度上已经变成鸿沟，各种研究也证明了这一点。

- 普华永道的一项调查发现，在所分析的 14 个行业中，每个行业都存在着明显的交付差距。除了媒体行业，从医疗保健到酒店，从餐饮到零售，从保险到投资，大多数行业都显示出消费者期望的体验与实际体验之间存在着巨大差距。

- 这种差距在 B2B 领域也很明显，Salesforce 公司的一项研究发现，只有 27% 的企业采购人员认为企业能够有效提供符合用户期望标准的用户体验。

- 用户服务技术供应商 Gladly 在其《2019 年用户期望报告》中指出，有 75% 的受访者表示，现实中的用户体验与他们的期望相差甚远。

- 亚利桑那州立大学凯瑞商学院发起的一项名为《2020 年全美消费者愤怒研究》的年度报告发现，绝大多数美国消费者在购买产品和服务时都会遇到一些棘手的问题。

- 来自甲骨文公司的《用户体验影响报告》中的统计数字可能是

> 最令人震惊的，它说明了用户体验是多么令人失望。他们在研究中发现，只有 1% 的人认为他们期望的卓越用户体验一直都得到了满足。

用户根本不满意，虽然他们的期望可能会上升，但他们的满意度却不会提高。

沿着用户体验路径做差异化

还有一个可能阻碍用户满意度提升的因素，那就是企业通常认为自己提供了比实际更好的用户体验。

贝恩咨询公司（Bain & Co.）一项经常被引用的研究显示，80% 的企业领导者认为自己提供了卓越的用户体验。而当贝恩咨询公司向这些企业的用户提出同样的问题时，只有 8% 的用户同意领导者乐观的评价。

凯捷咨询公司（Capgemini）最近的一项研究再次证实了贝恩咨询公司的结论，这项研究表明，企业和用户对于以用户为中心这一观点的认知存在巨大差异：75% 的企业认为自己是以用户为中心的，而只有 30% 的用户认同这一点。

这种认知上的巨大差异是十分危险的，它助长了企业的自满情绪，导致企业在改进用户体验时缺乏应有的紧迫感，这样一来，用户的期望和企业实际交付间的差距永远不会缩小，更不用说消除了。

值得一提的是，有些企业还存在另外一种形式的错觉。他们对自己所提供的用户体验的质量非常清楚，知道自己做得不够好。然而因为他们所处的竞争位置，诸如不可替代性，或者他们在市场上的垄断地位等，他们会认为自己没有必要去改善用户体验，从经济角度来说，这样也可以减少不必要的支出。他们确信，无论存在什么样的用户体验差距和不满意，人们也只能被迫忍受，因为他们别无选择。有线电视供应商和医疗保险公司，这两类深受消费者讨厌的企业，就是经常拥有这种心态的企业的例子。

这些公司可能没有意识到，未来的竞争环境绝对不会像今天这样安逸，而当他们意识到这一点时，往往为时已晚。在历史的长河中，多少公司甚至是整个行业都消失了，原因就是他们自以为牢牢掌控着市场，自以为高不可攀，自以为不需要挑战自我、革新和改善用户体验。

百视达、雅虎、黑莓、大西洋和太平洋茶叶公司（A&P Groceries），甚至还有整个出租车行业，它们都曾是各自领域中最大的玩家，而现在，它们要么已经消失，要么只剩下躯壳，成了自己傲慢态度的牺牲品，因为它们无法预见新的和现有的竞争对手，比如奈飞（Netflix）、谷歌、苹果、全食超市（Whole Foods）和优步（Uber）所带来的威胁。而这些公司只是想出了更好的方式来服务用户、消除用户的常见困扰，并且在市场上使自己的产品和服务脱颖而出。其他不关注用户体验的公司只能成为历史。

无论什么原因，是自满还是有意识的决定，最终的结果都一样。许多公司不去真正了解自己用户的感受，也不清楚未来的用户有什么期望，只是沿着自己认为对的道路艰难前行，播下各种不满的种子，为失败奠定“坚实”的基础。

用户期望水涨船高，然而，众多企业却未能迎头赶上这一挑战。这不仅构成了竞争的机遇，也暗藏着竞争的威胁，因为**用户比以往任何时候都更有权力。在信息唾手可得的今天，人们可以在转瞬之间探索各种选择。竞品与服务往往近在咫尺，仅需点击几下按键即可获得，这使得人们的要求越来越高，眼光也更敏锐。**

这些竞争动态进一步强化了用户体验的重要性，也强调了沿着用户体验路径做好差异化才能使一家公司脱颖而出并为其成功铺平道路。

真体验要领
FROM IMPRESSED TO OBSESSED

- 用户对“良好体验”的期望阈值，由其曾获得的最好体验所塑造。
- 用户比以往任何时候都更有权力。人们仅需点击几下按键即可探索各种选择，触及竞品与服务。这使得人们的要求越来越高，眼光也更敏锐。
- 企业要捕捉竞争的动态变化，沿着用户体验路径做好差异化才能让自己脱颖而出。

FROM

IMPRESSED

第三部分

真体验是如何设计出来的

TO

OBSESSED

没有什么是偶然的，
真体验源于
精心设计、精心上演和完美执行。

第5章

台前幕后，为用户创造情绪高地

在了解了什么是用户体验和从商业的角度看待用户体验的重要性之后，我们进入本书的重点：如何才能创造真体验，把更多的潜在用户变成用户，再把用户转换成狂热的粉丝？

让我们首先从“狂热的粉丝”这个词开始。它会让人联想到精彩的演出呈现给观众的画面。实际上，**用户体验也是一个完美的视觉化场景，因为真体验很像一场精心编排的演出**。每个演员都知道自己的角色，每段对话都是经过精心设计的，每一个肢体动作都是精心编排的。在这里，没有任何事情是偶然的。当演出按计划进行时，观众就会产生情感上的共鸣，他们会高兴得站起来，对刚刚目睹的表演天才表示钦佩。

把用户体验比作表演的说法并不新鲜。长期以来，迪士尼乐园都会把他们的员工称为“演员”，无论他们是在魔法王国中扮演灰姑娘的角色，还是在迪士尼度假酒店的前台工作。无论在哪个岗位上，迪士尼乐园的每个员工都知道，他们一直都在舞台上，每时每刻都在“表演”。也许约瑟夫·派恩（Joseph Pine）和詹姆斯·吉尔摩（James Gilmore）关于用户体验的开创性著作

《体验经济》(*The Experience Economy*)的副标题最能说明这一点：工作是剧场，生意是舞台。

如果将表演比喻得更进一步，那么将用户体验看作“台前”和“幕后”两个组成部分就会很有帮助。这两个部分对于创造一场赢得赞誉的演出都至关重要。

台前部分是指用户可以通过视觉、听觉、嗅觉、味觉或触觉直接感知到的一切事物。它包含了用户与你有交集的所有现场接触、宣传材料和线上的互动。虽然商业领袖可能不熟悉这个定义，但当他们想到用户体验时，会想到这些内容。

幕后部分在用户体验中也是一个同样重要的组成部分。它是指所有幕后的业务实践、文化规范和基础设施，虽然这部分对用户来说是不可见的，但它却能影响用户体验的整体质量。例如，让合适的“演员”出现在观众面前（招聘计划），让他们做好准备（员工入职、培训和工作设计），给他们提供必要的道具（工作场所的工具和技术），并激励他们在每一次“演出”中都有精彩的表现（通过衡量标准、奖励或表彰计划），这些都属于幕后部分。幕后工作为“演员”确定基调，为他们的表演提供必要的支持，并希望通过激励让全场观众为之倾倒。

为了更好地理解幕后对塑造用户体验的影响力，请思考一下客服呼叫中心常见但是被误导的一种做法，即主要根据员工处理来电的速度（技术上称为“平均处理时间”）来对员工进行评估。这就给客服人员造成了用户体验方面的冲突，他们可能被迫在充分满足呼叫者的需求并提供卓越体验与匆忙挂断电话以避免超过内部服务标准时长之间做出选择。

如果员工的工作职责划分得过于狭隘，他们几乎不可能独立解决用户的问题，则可能导致另一种潜在的缺陷。衡量标准和工作设计都是幕后工作的真实实践，它们不可避免地会影响员工的行为，从而可能会损害用户的利益。

让我们回到传统的商业术语上，台前和幕后真正反映了用户体验和员工体验之间的区别。两者密不可分，是一枚硬币的两面，互为因果。快乐、敬业的员工有助于培养快乐、忠诚的用户，而这些用户反过来又有助于培养更加快乐、敬业的员工。这种良性循环的价值无论怎么强调都不为过。几乎所有的企业，无论大小，成功的关键都在于：

- 成为每个用户都想与之合作的公司。
- 成为每个员工都想为之工作的雇主。

这两个愿望实际上是用户体验和员工体验管理的终极目标。如果公司能把握住这两个方面，那就可以在任何竞争中脱颖而出。

尽管幕后部分对企业及其提供的体验非常重要，但这不是本书的重点。之所以在这里提到它，是因为领导者必须明白，真体验不仅与用户有关，还与为用户服务的每一个员工有关。员工有效地为用户提供服务的能力始终取决于他们所处的工作场所。他们在台前的行为将由幕后特性决定，诸如培训和发展、沟通和指导、工具和技术，以及影响其工作行为的各种其他结构性因素，包括显性的和隐性的。

当然，我们在这里讲述的重点是用户体验设计的另一个同样重要的组成部分，即台前部分，那就是有效设计用户可识别的所有接触点的技术，以便给用户创造一种令人痴迷的深刻印象，让他们再次光顾，并且对其他人赞不绝口地讲述这种体验。

真体验要领
FROM IMPRESSED TO OBSESSED

◆ 用户体验也是一个完美的视觉化场景。没有什么是偶然的，一切都是精心设计的。

◆ 用户体验可以分为两个部分，即台前和幕后。台前指的是用户可以直接感受到的所有东西，包括现场接触、宣传材料和线上的互动，而幕后指的是间接影响用户体验质量的幕后实践和基础设施。

- 企业要想长期成功，既要为用户提供精心设计的用户体验，让观众产生情感上的共鸣；也要为员工提供卓越的体验，吸引最优秀的人才，并让他们受到鼓舞、保持投入，随时准备好为用户提供优质的服务。

第6章

像导演一样设计与用户接触的每一刻

当我们提及那些以用户忠诚度而闻名的传奇公司，你不禁会问：他们是怎么做到的，并且能够日复一日始终如一？

答案就是这些公司给他们的用户留下的印象并非随意产生的，而是精心设计的，他们采用了一套经过时间检验的方法或理论来塑造他们与用户的互动。根据那些在用户体验方面表现出色的公司长达数十年的研究，我将他们的“舞台编排”提炼成 12 条关键法则，如图 6-1 所示。

这些并不是我们以往所熟知的那些令人眼花缭乱的用户体验和用户服务方面的陈词滥调，诸如，要有礼貌和专业、倾听用户的意见、把用户放在第一位以及注重质量等。这 12 条法则与此完全不同，原因如下：

- **它们是用户体验设计的“普遍真理”**。这 12 条法则实际上可以应用于任何企业（B2B、B2C 或 B2B2C）和各种类型的用户（个人消费者、机构用户、销售中介、员工，甚至是求职者）。这些法则适用于任何受众、任何用户角色。无论你服务的对象是哪个群体，这些法则将帮助你编排一场积极的、令人难忘的“演出”。

- **它们是以科学研究为基础的。**正如你在阅读后续章节时看到的那样，这 12 条法则涉及心理学和对消费者的研究，是以科学研究为基础的。我对这 12 条法则的构思不是出于心血来潮，而是通过对相关研究和案例分析的深入探究，并将它们坚定地定位为用户体验差异化的重要工具。

图 6-1　设计真体验的 12 条关键法则

- **它们增强了用户对体验的感知。**想象一下，如果你能在不改变实际体验的情况下，让用户对你已经提供给他们的体验感觉更好。这听起来是不是令人难以置信？然而，12 条法则中的大多数法则都可以帮助你实现这个愿望。基于认知科学，这些法则可以用来增强人们对你所提供的体验的感知和记忆，可以说，这与体验本身的机制同样重要。

- **它们加强了与用户和员工的互动。**正如上一章所提到的，快乐、忠诚的用户有助于培养快乐、敬业的员工。当你不需要每时每刻都和不满意的用户打交道时，工作的日常就会变得快乐一些。因此，使用这些法则来改善用户体验还有一个额外的好处就是同样改善了员工的体验。除此之外，许多法则甚至可以直接应用于员工，正如第 2 章所解释的那样，员工本身就是一类用户群体，领导者可以在与员工的个人互动中利用这些体验设计的技术提高员工的敬业度和忠诚度。

本书的第四部分将详细探讨这 12 条法则。之后的每一章都将介绍一条单独的法则，这些法则展示了成功的组织是如何使用该技术来增强他们的用户体验的。更重要的是，每一章的结尾都会有非常具体的、可操作的实践，告诉你如何在工作中立即将这一法则应用到“用户”身上，不管他们是个人、机构、雇员还是其他群体。

在继续讨论之前，让我们介绍一些关于公司案例研究的重要注意事项，你将在接下来的章节中读到这些案例研究。

首先，大多数（尽管不是全部）公司实行的都是 B2C 的商业模式。如果你所在的企业实行的是 B2B 模式，你可能会问，是否真的能从星巴克、西南航空公司或丽思卡尔顿酒店（Ritz-Carlton）等 B2C 用户体验传奇公司中学到什么。你可以放心，因为这 12 条法则对机构用户和个人用户同样适用。

正如人们常说的，B2B 最终是人与人之间的交流。机构不做购买决定，他们不要求用户服务，不传播口碑（正面或负面），但机构中的个人会这样做。出于这个原因，成功的 B2C 公司用来影响和打动个人消费者的用户体验设计技术也可以应用于 B2B 受众，效果非常好。

其次需要注意的是，本书中介绍的公司与其说与用户体验有关，不如说与企业经营的一般性有关：竞争差异化及其所带来的市场优势可能强大，也可能脆弱，一个今天被视为他人榜样的公司明天可能就会失去光彩。

其实这样的事情不足为奇，因为没有任何竞争优势是永恒的。如果一家公司的战略失误足够严重，或者如果它逐渐失去对最初使其在市场上脱颖而出的特征的关注，那么经过多年精心打造的一流品牌声誉可能会在一夜之间毁于一旦。

我将在本书中介绍的一些公司，几十年如一日的卓越表现，已经巩固了它们在用户体验方面的优势地位。还有一些公司正在努力实现这一目标，并且正在做一些非常有意义的事情，所以本书也会讲到它们。然而，5 年、10 年、15 年后，这里提到的公司可能会失去一些荣耀。这与其说是以用户体验为导向的商业战略的脆弱性，不如说是在提醒我们，卓越的用户体验永远不会真正“实现”。

这是一个永无止境的旅程，需要持续的投入，以及对持续改进和以用户为中心的创新的不懈关注。这种努力不适合胆小的人，但对于整个公司，以及他们的领导者、员工和用户来说，在许多层面都会带来巨大的回报。

所以，系好“安全带”，因为你即将发现大公司赖以生存的用户体验设计的秘诀，同时学会如何利用这些策略来给所有与你合作的人留下深刻印象。

真体验要领

FROM IMPRESSED TO OBSESSED

- 真体验需要时刻以用户为中心，提供持续的投入、改进以及不懈的关注。
- 卓越的公司与用户建立良好互动的方式和卓越的领导者与员工建立良好互动的方式是相似的。

FROM
IMPRESSED
TO
OBSESSED

第四部分 12 条关键法则

人们如何记住他们与你的互动，
比互动本身更重要。

第7章

法则1：创造高峰，避免低谷

无论你如何努力去改善组织的用户体验，现实的情况是，你的用户都不太记得你所做的努力。

这是因为，我们的大脑并不像摄像机一样能够记录每一秒的体验。相反，我们记住的只是一系列的快照。而这些快照并不是随机“拍摄”的，当照相机的快门打开，我们的大脑只会捕捉一次体验中的高峰和低谷。而在这次体验中那些平淡无奇的部分，都会被淡忘，逐渐从我们的记忆中消失。

“峰终定律”中的峰值体验

1993年，著名的行为心理学家丹尼尔·卡尼曼（Daniel Kahneman）首次对人类大脑记忆的内部运作规律进行了探究，后来提出了“峰终定律”（peak-end rule）。几年后，管理学教授理查德·蔡斯（Richard Chase）和斯里拉姆·达苏（Sriram Dasu）在卡尼曼的基础上，进一步研究了如何将“峰终定律”应用于用户服务的互动。我们将在这一章重点讨论峰值体验，在下一章重点讨论终点体验。

卡尼曼在研究中得出了一个惊人的结论：我们在这个世界上的体验实际上可能与我们自己关于这些体验的记忆截然不同。在我们与人或企业的接触中，我们可能会经历一件事的全过程，但我们不会有意识地记住过程中的所有这些细节。

我们的记忆不是流媒体视频，更多的是静态图片，这一特点对用户体验有着很重要的影响，因为聪明的公司会认识到，他们不仅仅是在塑造用户的体验，还在塑造用户对体验的记忆。

可以说，**用户如何记住他们与你的互动，比互动本身更重要**。当有人问你“你对X公司或Y产品有什么看法”的时候，你的回答不会基于你对这些公司或产品的实际体验，而是基于你对这段体验的记忆。

你的回购和推荐行为通常也是基于你对体验的记忆，而不是基于你在购物体验中对愉快部分和不愉快部分之间比例的细致计算。相反，你会根据你的记忆对这些体验所捕捉到的快照（高峰和低谷）做出判断。

如果体验中有相对比较多或比较高的高峰，那么用户整体上会对这次互动有一个积极的记忆。相反，如果体验中有相对比较多或比较深的低谷，那么用户对这次接触的记忆就会很糟糕。

这就是用户体验背后的认知科学。**为了给用户留下持久的、积极的印象，我们必须影响他们的记忆，在设计用户体验的过程中战略性地创造高峰、避免低谷。**

接下来，我们会通过实际案例来深刻体会如何在用户体验中创造高峰，避免低谷。

诊所新患者的体验高峰与低谷

图 7-1 是一个基本的用户体验旅程图。从本质上讲，用户体验旅程图是对普通用户与某一特定业务互动时感受的视觉描绘。在这个例子中，我们看到的是新患者在诊所的用户体验旅程图。

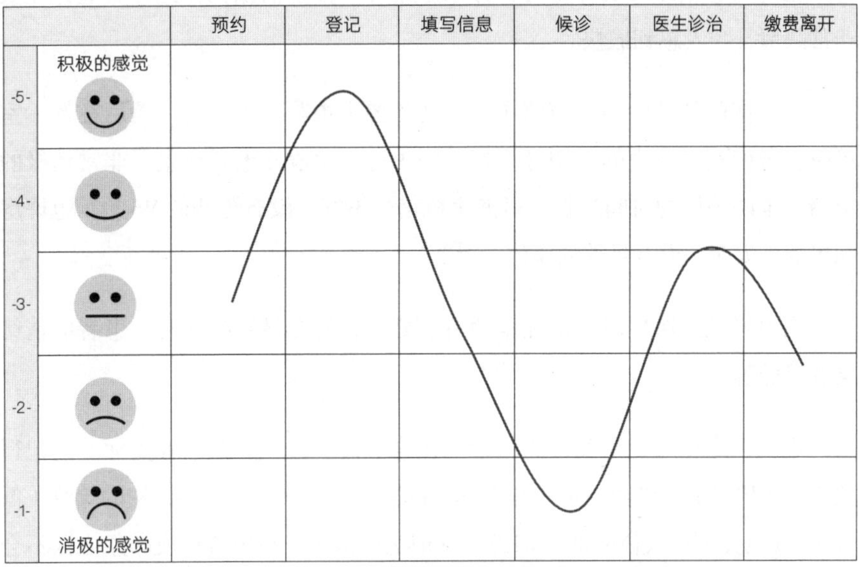

图 7-1　新患者在诊所的用户体验旅程图

该图上方各栏按从左到右的顺序列出了与这种用户体验相关的主要互动点。新患者首先与诊所联系，进行预约；在预约当天，患者来前台登记，填写信息，然后在候诊室等待；接着接受医生的检查，最后缴费离开或在离开诊所前进行后续服务的预约。①

① 在这个例子中，这个旅程图是高度简化的，真正的旅程图会更加详细，需要放大每个接触点来剖析用户的实际体验。

在图的左侧有一个五分制的计量表，用来衡量患者在不同互动点上的感受，等级从非常消极到非常积极。

在这个特定的诊所，当新患者第一次预约时，感受一般。在这种互动中，似乎没有任何积极或消极的意义。

但这种体验在预约当天发生了变化，用户在登记时出现了明显的情绪高峰。也许是登记区的装饰很好，像水疗中心一样整洁漂亮，也许是登记人员非常热情，令人感到愉快。

然后体验就开始走下坡路了。患者被要求填写一些信息，然后在候诊室等待。候诊室里发生的一切都不好，因为这个阶段让患者产生了非常消极的情绪。也许等待的时间过长，可能手机信号不好，没有免费的 Wi-Fi，也许房间里的人太多，没有足够的座位，等等。

当患者见到医生时，情况稍微有了好转，但在最终缴费时，患者的情绪又变得低落。

现在，这里有一个关键的结论：在这个诊所，一般新患者实际上只记得关于这次体验的两件事，那就是到达时的登记（高峰）和在候诊室的等待（低谷）。其他关于这次体验的一切都会从记忆中消失，在患者形成印象方面不会起到任何有意义的作用。这里有一点需要注意，那就是关于用户如何记住终点体验，我们将在下一章进行探讨。

我们记忆的“脆弱性”对用户体验设计有着重要意义。这意味着企业的用户体验不一定要非常完美，它的某些部分可以是非常平庸的，甚至可以有些不愉快，但只要体验中存在着一些积极的高峰，这些高峰就会成为最终记忆的制造者。

很多人喜欢去迪士尼乐园，尽管在一年中的大部分时间里，园区内的热度感觉比太阳表面的温度还要高，而且在每个项目前，游客都需要排很长的队。开市客（Costco）拥有一大批狂热的粉丝，尽管在这个就像巨大仓库的零售店里找到你需要的东西可能具有一定的挑战性。奥乐齐超市（Aldi）在用户体验排名中常年处于领先地位，尽管顾客必须支付 25 美分才能获得一个购物车（归还购物车时钱将被退还），并需要自己动手将商品装入购物袋里。

这些案例中的企业都是消费者喜爱的企业，尽管他们的用户体验在某些方面不尽如人意，但他们依然取得了成功。消费者非常愿意光顾这些地方，原因就是这些企业在消费者购物的过程中创造了令人难忘的体验高峰。我们将在后面的章节中看到迪士尼、开市客和奥乐齐是如何创造这些高峰的。

因此，在设计和交付用户体验时，企业面临的挑战就是为消费者创造更多的高峰，同时避免低谷。那就是说，我们要增加积极元素、减少消极元素，对吗？这就是打造终身粉丝的秘密？

事实不只如此。的确，为你的用户体验注入更多的积极元素（高峰）和更少的消极元素（低谷）显然是一个明智的策略，但同时还有另外一些更加细致具体的方法来创造高峰和避免低谷。

“分装”体验高峰，放大用户的快乐

2013 年，连续在用户体验排名中名列前茅的航空公司——西南航空公司与迪什网络公司（Dish Network）合作，在其航班上提供直播、流媒体电视服务。只需将笔记本电脑、平板电脑或手机连接到飞机的 Wi-Fi 上，乘客就可以收看电视直播和点播内容，不需要下载 App，也不需要在飞行前做任何准备。

那么，为什么西南航空公司要在航班起飞的前一天晚上花心思给乘客发电子邮件，并在标题上写“您明天乘坐的西南航空可以免费看电视”呢？

把移动设备带上飞机这件事是不需要提醒乘客的，因为大多数人都会在旅途中带着这些设备。在航班上看电视直播，乘客也不需要提前下载和购买任何东西，那么，西南航空公司为何还要特意给乘客发送电子邮件告知这件事呢?

人们通常可能会把这归结为出色的营销手段，事实上，它确实是非常聪明的用户体验编排。通过在前一天晚上向乘客发送邮件，西南航空公司实质上是在一个体验元素上创造了一个额外的令人难忘的高峰，因为乘客已经知道这个体验元素是独特而积极的。

在美国的航空公司中，直播、流媒体电视服务并不是一种常见的机上娱乐选择。因此，当西南航空公司的乘客打开 Wi-Fi，轻松地在高空观看电视直播时，它就为乘客创造了一个令人难忘的体验高峰。

前一天晚上发送的电子邮件，通过预告流媒体电视服务，营造出一种对机上娱乐节目的期待感，西南航空公司同时创造了同一个用户体验元素的另一个高峰。这个额外的高峰对于那些首次乘坐西南航空公司的航班且不熟悉迪什流媒体服务的用户来说尤为明显。

在这个案例中，西南航空公司所做的事情就是“放大”用户的快乐。他们不仅仅是在飞机上提供直播、流媒体电视服务，还在飞行前的沟通中强调了这项服务，为乘客创造了兴奋和期待。西南航空公司将用户体验中的一个“高峰”乘以 2，从而在乘客大脑的记忆中创造了更多的快照，积极地影响了用户对西南航空公司体验中的记忆。

如果在你提供的用户体验中已经有一些积极的东西，你知道这是你的用户很喜欢的一个组成部分，那么你就需要考虑如何能在整个体验中更广泛地传播这种快乐。

这涉及如何将这些体验过程中的高峰进行“分装”，例如与你的用户分阶段地分享令人兴奋的新闻或内容，而不是一次性全部分享。或者可以策略性地提醒你的用户他们已经享受过的所有具体的高峰体验。比如在年终的沟通中，回顾他们从你的产品或服务中获得的所有价值。

“压缩”体验低谷，减少负面情绪

如果说在体验中创造更多的高峰需要传播快乐，那么在体验中避免低谷则需要往相反的方向努力，也就是压缩痛苦。通过将体验中不愉快的互动聚合起来，糟糕体验的多个低谷就有可能变成一个糟糕的接触点。

你可以这样理解，让用户一次等待 6 分钟，比让他们两次等待 3 分钟要好，没有人喜欢等待。显然，这两种情况下的等待时间是相同的，但如果在一次通话过程中，用户被要求等待两次，体验中将会产生两个明显的低谷。每一次等待都会影响用户对互动的印象，从而在记忆中留下两个消极情绪的快照。但如果只让用户等待一次，即使是一次较长时间的等待，用户也不会感到太焦虑，他们的记忆中只会留下一个消极情绪的快照。

可以肯定的是，低谷不能太深、太痛苦，不能在用户的记忆中留下一个无法复原的“伤疤”。把一个用户搁置 15 分钟，尽管这只是一个低谷，但它肯定会把用户送上“不满的悬崖”，这就构成了用户体验中不可逆的伤害，在这个时候，你做什么都无法掩盖由此产生的负面影响。

大多数类型的用户体验都有其消极的一面，包含糟糕的、令人恼火或沮丧的部分。一旦你发现了这些不愉快的事情，就要探索将它们转化为一个或者尽可能少的互动点的方法。这样一来，你就可以控制用户感受到的痛苦的持续时间和强度，而不是让用户多次感到痛苦，从而为提升用户体验质量铺平道路。

一个高峰可以提升整体的体验

2014 年，美国最大的上市保险公司之一的用户洞察团队仔细研究了该公司大量投保人的调查数据，试图回答一个关键问题：他们应该关注哪些用户接触点来提升投保人对保险公司体验的整体印象？

当他们从各个角度对数据进行分析处理时，偶然发现了一个惊人事实：当投保人对他们的保险代理人感到满意时，他们往往会对保险公司用户体验的其他所有方面也感到满意，即使那些方面与保险代理人无关。

给代理人打高分的用户，对于代理人无法影响或掌控的方面，诸如保险公司的网站、账单、保险参数，甚至保险费率也都很满意。当投保人对代理人感到满意时，他们对保险公司其他服务环节也会更加满意，甚至包括那些与代理人毫无关联的环节。

这个用户洞察团队看到了我称之为“帐篷杆效应”（tentpole effect）的影响。想象一下马戏团帐篷中央的杆子，当你把杆子举得越来越高时，帐篷表面会发生什么变化呢？它们也会跟着抬高，尽管它们不在中心的正上方。

我们对体验的感知也是如此。体验中非常积极的部分可以提升我们对体验中完全不同部分的印象，比如帐篷的表面随着中心杆的上升而上升，或者潮水会将所有的船只抬高。

这个概念是由“光环效应”（halo effect）衍生的。“光环效应”是一种认知偏差，由爱德华·桑代克（Edward Thorndike）在其 1920 年的论文《心理学评价中的持续错误》（*A Constant Error in Psychological Ratings*）中首次提出。桑代克观察到，人们对他人的看法不恰当地受到无关属性的影响。例如，我们倾向于认为外表有吸引力的人比那些长得不好看的人更聪明、更有才华，有吸引力的个性特征会给其他一切特征都带来积极的影响。因为我们倾向于看到和听到那些能证实我们信念的事情，而不是反驳它们。

反之亦然。单一消极的个性特征也会不恰当地影响人们的整体印象，导致他们对人或事的评价偏低。这就是“号角效应”（horn effect），与光环效应正好相反。

当人们在评估他们的用户体验时，“光环效应”的偏差也以类似的方式表现出来。一家拥有优秀的本地代理的保险公司因其计费方式而获得高分，即使从客观上来说它并没有那么好。一个拥有漂亮的、在视觉上具有吸引力的网站的零售商会被认为比一个在线展示看起来有些外行的竞争对手更可靠、更值得信赖，其实两个都差不多，半斤八两。拥有热情友好的空乘人员的航空公司，其航班的准点率也被认为是最高的。

这里要明确的一点是，你至少要在用户体验的某一个方面表现得出色，这非常重要。它可能是你吸引新用户的方式，可能是对用户咨询的响应力，可能是产品安装的便利性。不管是什么，只要确保在体验中至少创造一个高峰，即使你不采取任何行动来改善体验的其他部分，这个“帐篷杆”也会让你的用户对你提供的其他体验感觉更好。

真体验实践

如何“创造高峰，避免低谷”

- **在塑造用户体验方面必须深思熟虑，特别要注意创造高峰和避免低谷。**虽然这是一个增加积极元素、减少消极元素的操作，但用户对高峰和低谷的记忆也会受到体验的排序和呈现方式的影响。
- **压缩痛苦。**将用户体验中不愉快的部分集中到一个接触点上，使其不那么容易被记住，从而避免产生多个负面印象，影响人们对这次接触的看法。

- **把“家庭作业”放在一起。**减轻痛苦的一种方式是，你可以将所有可能成为用户负担的东西全都放在一起，就像给他们留“家庭作业”一样。例如，如果你需要用户填写表格或准备一些资料，可以一次性全部交给他们，而不是分几次给他们。同样，当向用户询问信息时，一次问全，尽量避免在一段时间内多次询问。

- **控制令人不愉快的中间环节的数量。**在等候室等待、咨询电话被多次转接、在 800 行选项中搜索，这些都是用户体验的中间环节的例子。用户在两个接触点之间等待或搜索的方式从他们的角度来看，没有增加任何价值。在这种情况下，建议尽量减少令人不愉快的中间环节的数量，因为每一个环节都可能给用户留下一个低谷印象。例如，在诊所里，不要让患者在候诊室里等待一段时间后又在检查室里等待。好的用户体验应该是，在医生准备好为他们看病时，直接把他们带进检查室。同样，避免让用户反复等待或在咨询电话多次转接后也得不到准确信息。

- **“放大”用户的快乐。**通过策略性地排列体验中愉快的部分，放大和拓展用户体验的积极方面，创造多个积极的高峰印象，这将有助于增强人们对这次经历的记忆。

- **创造期待。**创造额外高峰的方法之一是通过提前发信息等方式，提高用户对其他有吸引力体验的期待。例如，你可以在用户订购的产品正在生产组装时给他们发送电子邮件；或者像西南航空公司那样，提前向用户发送信息，预告他们即将享受的体验。无论使用哪种方式，关键是要激发顾客对他们即将体验到的项目的兴趣。

- **创造回声。**高峰还可以通过创造回声来进行传播，这种沟通在本质上是为了提醒用户曾经享受过的体验高峰。例如，你可以使用年终报告或年度管理报告来回顾你在过去一年内向用户提供的所有价值或者用户从你的产品或服务中获得的所有价值。同样的方法也可以用于与员工的沟通，通过突出个人或团队的重大成就，培养自豪感和敬业度。

- **将积极元素“分装”。**如果你有关于进展的好信息，或者有值得庆祝的成就，那就分成几个部分与用户分享。与其一次性强调所有的正面消息，不如考虑将信息分成几个部分，以创造独特的令人难忘的高峰，前提是这样不会造成混淆。在员工领域，这可以理解成“分散表扬”，意思是，对于值得表扬的员工，不是一次性而是在多次互动中进行表扬，这样会更有效果。

- **体验过程中至少要创造一个高峰。**在你的用户体验里面挑选一个做得最出色的部分，为这个部分创造一个高峰，这将有助于加深用户的印象。它可以是体验中的一个特定情节，如购买时的互动或销售后的交付活动，也可以是体验中人为创造的特定元素，比如某个网站、产品包装或实体店内营造的氛围，还可以是贯穿所有用户互动过程中的某种体验属性，比如知识渊博或友好的员工，或者对用户咨询的快速响应。

- **不要试图强化每一个接触点。**我们需要明白一个事实：在你的用户体验中可能会存在某些并不突出的元素，没关系，只要这些部分不令人难忘，而其他更好的部分给用户留下深刻印象就可以。只要你在体验中创造了一些高峰并避免了太多较深的低谷，那么有一些中性印象也没问题。但是，要注意这些中性印象产生的时间段。它们不应该发生在对顾客特别重要的互动环节，也就是关键时刻，另外，它们也不应该是终点体验。

真体验要领

FROM IMPRESSED TO OBSESSED

- 人们会把自己的体验视作一系列的快照。除了高峰和低谷，中间的一切都会从我们的记忆中消失，因此一定要战略性地创造高峰、避免低谷。
- 高峰的创造不仅源于卓越的表现，还可以通过将体验中的亮点扩展开来，从一个积极的方面衍生出多个难忘的高峰。
- 低谷的影响可以通过“压缩痛苦”来减轻——将体验中不愉快的部分合并为一个接触点，避免不满的情绪广泛扩散。

第 8 章

法则 2：着重打造完美的收官

阿拉斯加航空的 25 分钟行李保障

在近 100 年的历史中，美国的航空业一直在低利润的道路上蹒跚而行。航空公司不断对各种各样的乘客接触点进行修补，试图提高效率和用户满意度。为此，他们推出了忠诚度计划，尝试了座位配置，测试了新的餐饮和小吃服务，开发了机上娱乐平台，并引入自助值机服务选项。

在 2009 年，阿拉斯加航空公司将注意力转向了其他航空公司都忽略的一项乘客体验：行李提取。就在那一年，阿拉斯加航空公司推出了“25 分钟行李保障”服务。该公司承诺：如果乘客的行李在飞机到达登机口后的 25 分钟内没有从行李传送带上运出，乘客可以选择获得一张 25 美元的优惠券，此券可用于今后购买机票，或者获得 2 500 奖励里程存入自己的阿拉斯加航空忠诚度账户中。

大约在同一时间，阿拉斯加航空公司在君迪（J.D. Power）北美航空公司乘客满意度的调研中独占鳌头。连续 12 年，该航空公司在北美所有传统航空公司中排名最高。在这项研究中，它在哪个指标上一直得分最高呢？答案就是：下飞机和行李提取的服务。

阿拉斯加航空公司在乘客满意度方面的成功是否可以归功于其行李提取服务的保障呢？不完全是。该公司在很多方面都做得很好，在预订、机票价格、乘务服务、飞机本身等多个方面都得到了用户的好评。但毫无疑问，阿拉斯加航空公司对行李提取这一接触点的关注提高了乘客的整体满意度。这是因为，**体验中的最后一次互动会对人们的整体感受产生极大影响。**

“峰终定律”中的终点体验

在上一章中，我们了解到，人们在体验中记住的往往是高峰和低谷。这一点仍然是非常正确的。此外，在我们的体验中还有一个因素也会让人印象深刻，那就是互动的最后部分。

这就是丹尼尔·卡尼曼峰终定律中的“终点”。它基于另一个有助于影响我们对世界的感知的认知原理：近因效应。近因效应解释了为什么人们倾向于记住体验中最近的部分，也就是终点部分，并在形成对整个体验过程的印象时，更看重最后的互动。

这就是为什么在法庭上律师对陪审团的结案陈述非常重要；这就是为什么绚烂的烟花表演往往会以最令人惊叹的效果作为结束；这就是为什么平庸的喜剧会在片尾加上一个有趣的爆笑花絮；这也是为什么餐厅会在用餐结束时提供一道令人无法拒绝的甜点。所有这些互动都是精心设计的，这是利用体验的近因效应来“操纵”人们对整体的印象。

虽然阿拉斯加航空公司的行李保障服务实际上并没有考虑峰终定律，但它却在不知不觉中利用了近因效应。在经济大衰退给全行业带来困难和挑战的情况下，该航空公司的高管从减轻托运行李费新政策的压力这个角度提出了这项服务。

这项服务受到了乘客们的欢迎，许多人都觉得，在航班到达后看看时钟，以验证阿拉斯加航空公司是否遵守了 25 分钟的承诺是一件非常有趣的事情。这不仅仅是一个营销噱头，阿拉斯加航空公司对乘客旅程的高度关注也带来了运营红利。该航空公司的行李交付速度不断提升，而且后来还将这一时间从 25 分钟降至 20 分钟。

如果你在航班抵达后很快就取到了行李，或者行李在索赔时限之内就从行李传送带上滚落下来，这将为航空旅行体验画上一个圆满的句号，也将有助于提升你对这次旅行的整体印象。相反，无论机上的娱乐节目有多精彩，机组人员有多细心，如果你在航班抵达后要等上 45 分钟才能拿到行李，这将会成为你对这次体验的记忆，也将影响你对整个旅程的评价。

终点体验的影响力不应该被低估。“峰终定律”非常有启发性，用户体验可能很好，由一些印象深刻的高峰组成，但如果终点是糟糕的，那还是没用。最后发生的事情有可能使其他一切黯然失色，这就是为什么完美收官如此重要。

完美收官，重塑用户的体验高峰

就像“创造高峰，避免低谷”法则一样，完美收官并不仅仅是在体验的最后阶段把事情做得更好，虽然这的确很有用。

对于某些类型的用户体验来说，最后的接触点是一个挑战，差不多都是设定好的，但难免会有些不愉快，使其无法真正成为快乐的源泉。比如在酒店住宿结束的时候，我们会收到一张大额账单，而且必须当场支付；当自己的汽车被紧急道路救援服务的人员拖走后，我们“被抛弃”在一家维修店的停车场，茫然猜测汽车到底出了什么问题；买了一件新家具后，我们不得不费力地开箱和进行组装。

虽然任何接触点都有可能进行改善，但正如前面的例子所说的那样，有些体验还是会令人崩溃。在这些情况下，并非只能让用户带着不愉快的记忆离开。相反，在体验中增加一个新的、额外的接触点，你就有可能以体验高峰作为结束。

为了了解这一点，让我们再次回到新患者的用户体验旅程图吧，如图 8-1 所示。

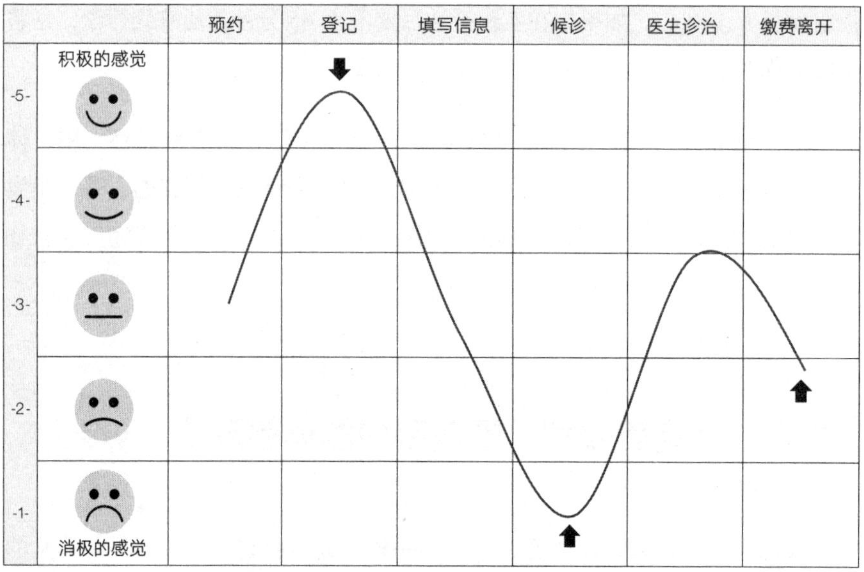

图 8-1　新患者在诊所的用户体验旅程图

我们在上一章中了解到，在这个特定的诊所里，患者会倾向于记住图 8-1 中用箭头标出的体验部分：登记是高峰，在候诊室等待是低谷。然而，我们现在知道，他们也会倾向于记住体验的终点部分，也就是缴费离开，这种体验并不是那么令人愉快。

然而，对于那些在就医时需要付费的患者来说，改善他们的结账体验是很难的。无论支付过程变得多么简单，都不能改变看病时需要从口袋里掏钱这个事实，这对那些有高免赔额健康计划[①]的人来说尤其如此。

但现在我们来假设一下，如果在就诊结束后的一两天，医生或护士主动打电话询问患者恢复情况如何，那又会怎么样呢？对于医疗从业者来说，这是一个非常不寻常的举动。它所表现出的关心和专注程度很可能会给许多患者留下深刻的印象，在整个过程结束时创造一个新的体验高峰，如图 8-2 中最右边新增加的接触点所示。

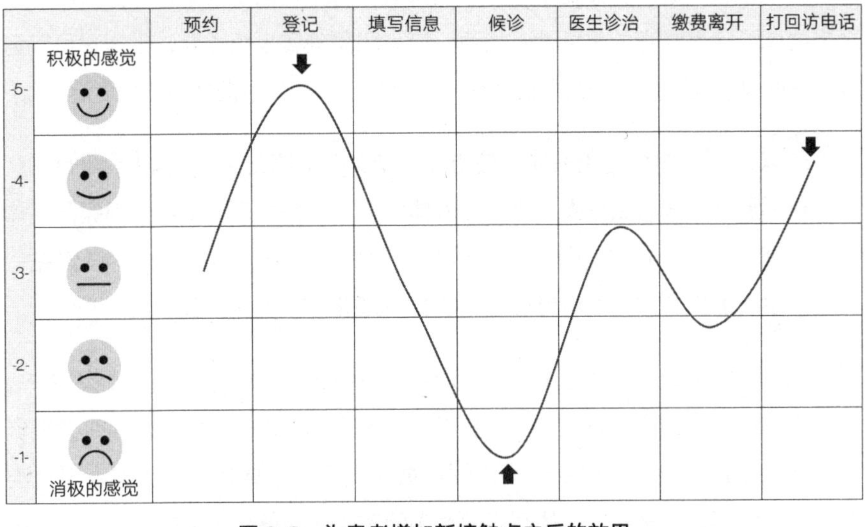

图 8-2　为患者增加新接触点之后的效果

① 高免赔额健康计划（HDHP）是美国保险公司推出的一种健康保险服务，意味着被保险人需要支付更高的费用才能获得保险公司的理赔服务。——编者注

通过这种改变，诊所基本重塑了患者的体验旅程，不是通过“修复”缴费的接触点，而是在最后创造了一个新的、更好的互动。最终的结果是，患者会更愉快地回忆起他们与这位医生的接触经历，因为这次体验是以愉快的方式结束的，因此他们的脑海中留下了更美好的印象。

这种方法几乎可以用于任何类型的用户体验。如果你发现在某一特定的用户体验中，最后的接触点不那么积极，那么就要探索改善它。如果事实证明这样做不可行，那就考虑在接触中加入一些其他类型的互动、交流或动作，以确保它在结束时更完美。

如果以愉快的方式结束体验很重要，这是否意味着体验中不愉快的低谷部分应该出现在一开始呢？不完全是。

一般来说，最终印象比第一印象更持久。对于负面事件来说更是如此，这再次强调了完美收官的重要性。然而，第一印象确实也很重要，因为它可以为接下来的体验定下基调，这在某种程度上归功于上一章中提到的“光环效应”。

所以，如果你想避免在体验终点留下不好的印象，但又不想一开始就让人不快，那么应该怎么办呢？这意味着体验中不愉快的部分最好“埋藏”在体验的初期，因为人们的记忆会因近因效应而褪色，但也不应该把它设定在一开始，因为那样人们可能会对接下来的其他部分持有负面印象。

这就是酒店鼓励客人在到达酒店之前使用手机办理入住手续的原因之一。它把用户体验中的潜在烦恼的诱因提前“埋藏”，比如在前台排队等候登记资料、提供信用卡付款，以及在酒店等待员工提供房卡或钥匙。让客人对这类低谷的印象不那么深刻，入住酒店的客人的实际体验就会更加愉悦。

迪士尼乐园也采用了类似的策略，他们鼓励客人在到达园区之前首先购买一个餐厅套餐，这有助于避免用餐买单的不愉快情绪分散到整个游玩的过程中。相反，体验中那些潜在的低谷被汇总在一起，这与我们在第 7 章中介绍的方法是一致的。在体验的早期安排低谷，则更有可能被遗忘。

3 个有效技巧，精心设计最后的互动

从表面上看，打造完美的收官听起来是一个相当简单的法则。以愉快的方式结束体验，这有什么好困惑的呢？

但是，用户体验究竟在什么时候才算是真正的结束呢？如果我去度假，我的体验会持续很长时间，会由许多环节串联而成。我开车到了机场，停好了车，然后拖着我的行李箱到达候机楼。这时，另一个环节开始了，那就是办理乘机手续，我将使用自助服务机打印我的登机牌和行李牌，然后把它们交给航空公司的值机人员。接着是过安检、在机场用餐、登机、飞行体验、下飞机和提取行李。我甚至还没有到达酒店就已经开始了度假。

有些用户体验是简短而明确的：从餐馆点外卖，使用信用卡付款，在一家五金店购买东西。在这些例子中，互动的终点在哪里十分明显。

其他一些体验，比如旅游度假，就会复杂得多。这就引出了一个问题：体验的起点和终点到底在哪里？我们是应该把重点放在整个体验终点的完美收官上，还是放在更大的体验中实际存在着的多个终点上，让每个终点都完美收官呢？

诚然，将“峰终定律”应用于持续时间较长的用户体验可能不是很精确。例如，一些研究表明，在长期的、多环节的体验中，人们的总体印象会受到每一个环节的平均情绪效价[①]影响，而不仅仅是高峰或终点。当涉及塑造更复杂、持续时间更长的体验时，你不妨使用以下 3 个技巧。

- 首先，把复杂的体验看成是一系列的事件。每一环节的终点都是用户觉得他们完成了一些实质性的事情。例如，回到我们前面

① 效价是指情绪的积极或消极程度。——编者注

提到的新患者就诊的案例，预约行为可以说是一个独立于实际就诊的环节。事实上，预约也是一项涉及一整套互动的事情：研究并选择医生，在网站上找到诊所的电话号码，打电话并听取自动应答的语音导航菜单，与诊所员工交谈，选择预约时间及收到预约确认。

- 其次，一定要确保在整个体验的终点完美收官。在新患者就诊的案例中，终点就是在现场就医结束。不管“峰终定律”如何应用于具有细微差别的多个环节，以愉快的方式结束，都是不会出错的。

- 最后，把体验中的不同环节看作嵌套在一个更大范围内的“子项”。从图上看，就是上面旅程图中的某些列，比如新患者就诊体验中的预约环节扩展为各自特定的体验旅程图，如图 8-3 所示。这些环节本质上是微型的用户体验，有自己的接触点，并受到“峰终定律”及相关的各种认知理念的影响。通过有意地塑造这些嵌套的环节，你可以影响它们作为更大的用户体验旅程的一部分被记住的方式。

看一下新的体验旅程图，这个诊所的预约体验给人留下的印象最多只能算是中等。如果我们更深入地研究这个体验，为预约环节专门创建一个旅程图，如图 8-3 所示，你就会明白原因。在预约的互动中没有明显的高峰或低谷，它以一个非常不引人注目的“收到预约确认”结束。这就是在上面的整个体验旅程图中预约环节给人留下一般印象的原因，它没有任何令人难忘的地方，无论是积极的还是消极的。

这个诊所可以通过以愉快的方式结束预约环节来改变这种情况，或许可以通过发送一封精美的确认邮件，内容包含欢迎患者来诊所，附上新患者的表格，并根据患者的地址提供一个到达诊所的路途预估时间。以愉快的方式结束预约环节，将有助于提升它对整个用户体验旅程的影响。

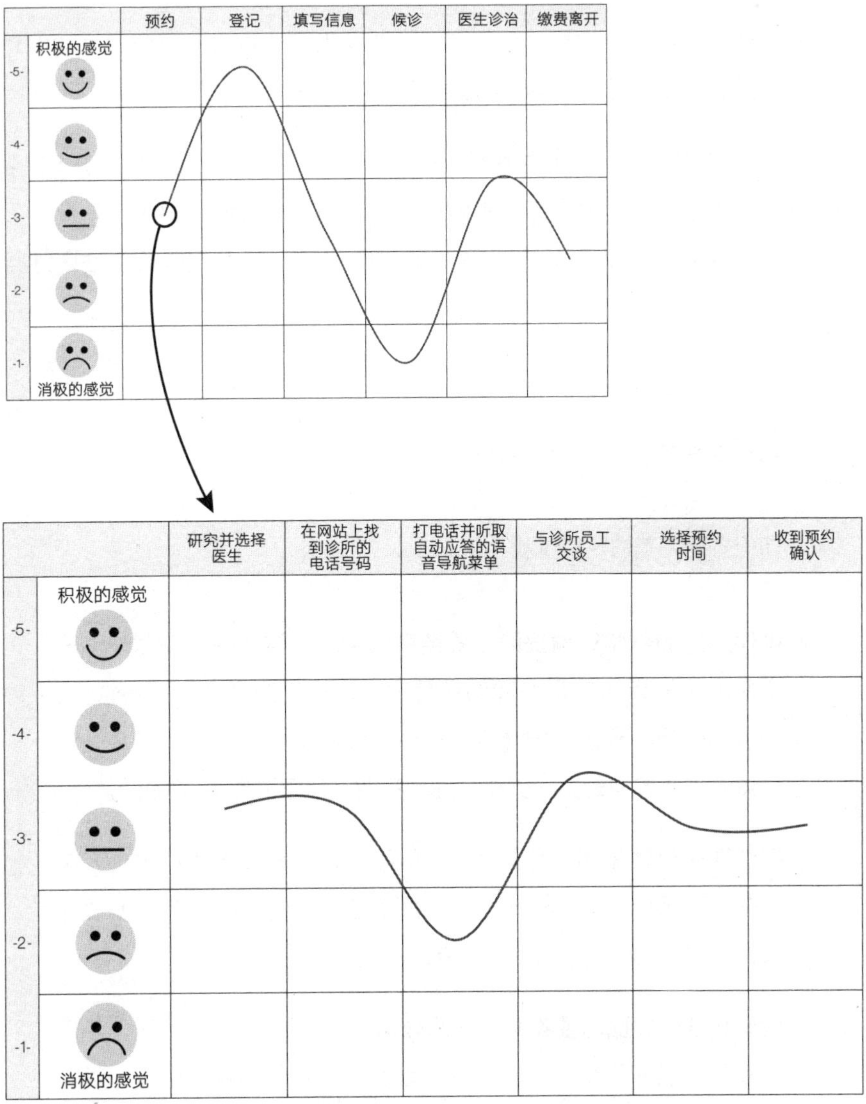

图 8-3　预约环节更详细的用户体验旅程图

这是一个“子项”层面的用户体验设计：设计各个环节详细的用户体验，以帮助塑造整个体验的积极印象。

我们介绍了前两条法则：创造高峰、避免低谷，以及完美收官，它们是基于认知科学来设计用户体验的方法的基本组成部分。

剩下的 10 条法则，我们将在随后的章节中一一介绍，通过关注在体验中如何创造令人难忘的、提高忠诚度的高峰（无论是在开始、中间还是最后），以及如何避免创造令人难忘的、降低忠诚度的低谷，来对前两条法则进行补充。

真体验实践

如何打造完美的收官体验

- **确保用户的体验以愉快的方式结束。**精心编排或在结束时增加一个新的接触点可以帮助我们完美收官，给用户留下一个持久的、积极的印象。永远不要让用户的体验在不愉快的气氛中结束；请将体验中不愉快的部分安排在互动初期（但不要是首次互动）。
- **在沟通中重述承诺。**在与用户、同事、员工和其他人的电话、电子邮件和短信等方式的沟通中，明确告知你将在何时为他们做什么，让他们确信自己得到了应有的关注。
- **设计数字化界面时要着眼于最终效果。**开发网站或 App 时，我们不仅要提供一个令人印象深刻的首页，还要确保购买过程、服务请求或信息检索等页面操作简单、直观易懂，从而给用户留下一个深刻的最终印象。

- **在购买后做一些超出用户预期的事情。**用一个“小惊喜”来结束用户的购买过程，比如手写一封感谢信，在包裹中加入个性化小册子，或者发一封对用户表达感谢的电子邮件。

- **向用户做深情的告别。**在面对面的交流中，把告别变成一项不仅仅是例行公事的问候，还要陪同用户走到门口，绕过销售柜台把袋子近距离递给他们，或者注视着他们的眼睛，真诚地感谢他们的惠顾。

- **成功完成项目并奖励项目团队。**在工作中，完成了一项漫长的且具有挑战性的项目时，应向项目发起人做一个精致和引人入胜的演示。此外，给为此付出诸多努力的项目团队一个意想不到的奖励，比如一张礼品卡、一天假期或一顿丰盛的晚餐。

- **在员工轮班结束时，为他们分配一些较轻松的任务。**在一天或一周的工作结束后，给员工分配更简单、更容易的任务，可以保持他们的敬业度和积极性。尽管他们的大部分任务很有挑战性，但以轻松的方式结束可以帮助他们减轻工作的压力。

- **以建设性的口吻结束绩效反馈讨论。**在向员工或同事提供绩效反馈时，不要在结束谈话时以喋喋不休的口吻谈论他们的不足之处。相反，应该以建设性的口吻收尾，承认他们的贡献，并激励他们改进。

- **将一段体验之旅的结束变成另一段旅程强有力的开始。**帮助用户顺利地进入他们体验之旅的下一步，例如，酒店安排大巴车送用户到下一个目的地，或者诊所为转诊的患者先联系专家的助理医师。

- **尽早把全部资料准备齐全。**无论是用户需要填写的表格、提供的文件、共享的信息，还是签署的合同，这些资料准备工作都要尽量在互动的早期提前完成。

- **让用户在等待结束时感觉比预期的快。**如果用户必须等待才能接触到你的业务或产品，要考虑如何让等待的过程在结束时感觉更快，比如，软件安装进度条开始时往往很慢，但后面的速度就会加快。

真体验要领
FROM IMPRESSED TO OBSESSED

- 体验中的最后一次互动对整个用户体验有极大的影响。因此，一定要在整个用户体验终点处完美收官。
- 试着在最后额外添加一个新的接触点，让体验以更积极的方式结束。
- 将体验中最不愉快的部分安排在初期（但不要是首次）而非最后，用户才更容易将其遗忘。
- 对于复杂、持续时间长、多环节的用户体验来说，要确保在整体结束和每个环节结束时都给用户留下深刻印象。

第 9 章

法则 3：易于使用

1999 年 9 月 28 日，美国专利号 5 960 411 获得批准，从此，衡量卓越用户体验的标准被进一步提高了。这项专利将其受保护的知识产权隐晦地描述为“一种通过互联网下单购买商品的方法和系统”。我们中的大多数人都对这项创新功能的通俗名称比较熟悉，那就是亚马逊公司的“一键购买”按钮。

在 20 世纪 90 年代，亚马逊与其他电子商务同行曾为所谓的“购物车遗弃”的问题而苦寻答案。购物者在他们的购物车中添加了各种各样的商品，但最后直到商品失效都没有购买。用户体验研究公司 Baymard Institute 的一项调研数据显示，即使在今天，这仍然是电子商务行业的一个普遍问题，购物车里的商品遗弃率高达 70%。

亚马逊的创始人杰夫·贝佐斯察觉到，许多顾客之所以遗弃购物车里的商品，仅仅是因为他们没有时间、精力和耐心来为每一件商品输入网上购物所需的各种信息，包括收货地址、信用卡号码、信用卡持有人姓名、卡片有效期等。于是，他设想了一个解决方案，就是基于顾客之前的购买记录，由亚马逊来存储购物者的所有信息。这就意味着，顾客只要用手指点击一下鼠标，这些问题就可以解决，顾客就能购买购物车里的所有商品。

自此，亚马逊的“一键购买”按钮诞生了，直到2017年底这项专利到期前，包括电子商务巨头苹果公司等其他公司都必须从亚马逊购买许可权才能使用这一功能。但将“一键购买”按钮的专利权授予亚马逊也是存在很多争议的。许多法律专家和亚马逊的竞争对手都认为，一键式购买是一种普通的“商业操作方法”，不应该获得专利保护。

自1994年开始，亚马逊就一直围绕着让用户毫不费力地找到他们需要的产品并完成购买来设计整个业务流程。在线零售商的“一键购买”按钮也许是这一法则的最好体现，因为它有效地消除了顾客在购买过程中容易产生的大量摩擦。有一天，当我发现我年仅3岁的儿子已经可以成功地在亚马逊上下单时，我才充分认识到这绝对是一项竞争优势。它完全称得上是易于使用。你们是不是很好奇我儿子订购了什么？告诉你们，他购买了一套用于绘制家居的PC设计软件，是不是很神奇？

亚马逊致力于为用户提供一切易于使用的服务，包括像电脑软件这样的商品的退货。他们为顾客节约了时间，提供了便利，作为回报，顾客对他们绝对忠诚。[①]

“无忧消费”的口号，做到了吗？

用户努力是指人们为了完成与你或你的业务相关的合作而需要投入的时间和精力。有两类值得理解和管理的用户努力，即身体努力和认知努力。

① 值得注意的是，伴随着亚马逊指数级增长而来的是一系列的挑战，包括反竞争行为的指控及对员工安全和福祉的承诺缺失。尽管该公司仍然在许多用户体验排名中位列榜首，但也许只有时间才能证明亚马逊的用户忠诚度是否会因为这些担忧而下降。

身体努力是指用户在浏览商品、购买、使用或寻求售后服务和相关支持时，需要耗费多少体力、点击多少次鼠标、说多少句话。认知努力是指用户在与你的业务互动时产生的脑力消耗。他们在浏览网站、做出购买决定、搞清楚如何付款或完成其他与你的业务有关的任务时，需要耗费多少脑力劳动？

令人遗憾的是，能提供真正易于使用的产品或服务的企业是非常少见的。我们生活在一个充满摩擦的世界里，事情很少像人们所希望的那样顺利进行。我们经常遇到难以组装和安装的产品、不能正常使用的小工具，以及沟通过程中引发的问题比原本需要解决的问题还要多，还有言行完全不一致的公司代表。

这一切都对消费者的心理造成了沉重的打击，正如第 4 章列出的令人震惊的用户满意度统计数据所表明的那样，尽管许多公司打着“无忧消费”的旗号，但在许多消费者眼中，这仍然是一个空洞的承诺。

想想看，当你拨打有线电视公司、公用事业公司或银行的客服电话时，你将不得不听完一套极其复杂的语音菜单，或者需要长时间的排队等候，你是否感到很无奈？当你去百货超市，把购物车推到结账区时，却只有几个收银员在给顾客结账，你还需要等待半天，你难道不会感到烦躁吗？当你收到健康保险公司发来的合同条款解释时，你是否觉得无法明白那么多条款的意思呢？当电器修理工说他会在早上 9 点前到你家，而到了时间他还没有到，当你不得不主动联系他们时，是否感到很烦躁呢？当一位客服代表承诺会给你回电话来解决你的问题，他却再没有打来电话，当你不得不打电话催促时，你是否会感到很失望呢？

这些都是常见的高耗时业务互动的案例。哪怕是一个最简单的任务，它们都需要用户投入更多的时间和精力来完成。这是一个大多数人都非常熟悉的挑战。在当今社会里，我们似乎已经习惯了如此糟糕、费力的用户体验，以至于在某些方面，我们几乎可以预见到与企业及其工作人员的互动将是多么困难。沮丧、烦恼和委屈往往是常态，而绝非个例。

然而，这恰巧也存在一线希望。从许多人心中的标准出发，通过提供始终如一的高质量的用户体验，企业就会让自己脱颖而出。需要注意的是，这不止要求流程简单，还需要毫不费力。事实上，现已并入加特纳公司（Gartner）的企业执行委员会（CEB），在有史以来最大规模的包括 B2C 和 B2B 实体企业的关于用户努力的研究中发现，**用户忠诚度的首要驱动因素就是降低用户所需付出的努力。一次真正易于使用的体验，往往能够成为一次非凡的、令人难忘的高峰时刻。**

不断追求更省力的“一键式”奇迹

亚马逊一键购物按钮是创新方面的一个很好的例子，可以减少用户的身体努力。我们在这一章重点介绍身体努力的特性，下一章再讨论认知努力。

值得注意的是，亚马逊的一键式购物按钮奇迹并非昙花一现。该公司致力于提供毫不费力用户体验的努力远不止这个按钮，他们一直在坚持不懈地推陈出新。

2014 年，亚马逊推出了萤火虫（Firefly）视觉识别软件。顾客只需要将智能手机摄像头对准物体，就能够搜索到相关商品。由于不需要通过输入关键词搜索、浏览搜索结果，与其他购物方式相比，这种方式相当轻松。现在，想要找到一款产品，只要使用智能手机对准它就可以了。这项技术加速了实体店陈列展示零售的没落，因为人们会先在实体店看产品，然后在亚马逊官网购买。

2015 年，亚马逊推出了速递按钮（Dash Button）。这是一种无线连接的设备，每个独立的设备都跟一包口香糖的大小差不多，专门用于回购经常购买的产品，例如：汰渍洗衣液、吉列剃须刀的刀片或劲量电池。人们只需将背面带有粘胶的设备贴在相应的产品上，比如可以贴在洗衣房内的汰渍洗衣液上。当人们需要订购更多产品时，只需按一下这个按钮，交易就完成了。该设备还会向用户的手机发送一条消息，给他们 30 分钟的考虑时间，此时可以取消任何操作失误的订单。速递按钮将一键购买的便捷性又向前推进了一步，用户甚至不需要访问亚马逊网站就可以完成下单操作。

在速递按钮推出的同时，亚马逊推出了 Alexa 人工智能助手，并迅速开始扩展该设备的产品订购功能。怎么才能够让一键购买或速递按钮更省力呢？比如完全取消按钮操作，代之以语音指令。

此外，亚马逊开始在零售店推出更加易于使用的体验，比如亚马逊无人便利店（Amazon Go），通过摄像头和传感器来记录购买情况。人们只需拿上自己想要的东西，然后走出商店就可以了，亚马逊会自动扣除购物费用。亚马逊所有这些创新的共同点是，通过消除互动中大大小小的摩擦点，免去了用户体验中的身体努力。这种摩擦可能来自从售前到售后过程中任何形式的用户接触点，比如：一个难以浏览或订购的网站，一个有 800 行选项的菜单，一个没有提前填好用户基本信息的表格，一份没有清楚显示公司联系信息的账单。这些都是引发用户身体努力的因素，它们有可能单独或整体造成用户体验的低谷，给用户带来不好的印象。

相反，始终保持易于使用的体验可以创造提升品牌印象的高峰。亚马逊的指数级增长可以表明，越是让人们毫不费力，就越有可能将更多的潜在用户变成真正的用户，再将用户变成忠诚的品牌拥护者。

有无数种方法可以让人们更轻松地与你打交道，无论他们是用户、员工或者是其他群体。尽管数字化转型在企业的发展中发挥了重要的作用，但亚马逊技术驱动创新案例也证明了，光靠技术创新行不通。

在被问及之前先解答问题

让用户与企业的业务互动更容易并不是创造易于使用的体验的唯一方法。对于许多企业来说，让用户从一开始就不需要与你联系是另一种可行的策略。

2012 年，旅游网站亿客行（Expedia）有一个惊人的发现：近 60% 的用户在网上预订旅行产品后会给他们打电话。对于一家以增强消费者自主预订和管理旅行的能力而自豪的公司来说，这是一个令人不安的统计数据。既然亿客行的商业模式强调轻松的自助式旅行预订概念，那么为什么还会有这么多人打电话呢？

公司的管理层收集了相关数据，以了解这些用户打电话的原因，结果却让他们大吃一惊，人们与他们联系的目的是想索取他们预定行程的详情单副本，而这些文件本应在预定完成后就发送到了用户的电子邮箱。经过调查发现，由于错误的电子邮件地址或者高度敏感的垃圾邮件过滤器，一些人从未收到他们的行程单。另一些人收到了行程单，但是找不到存储的位置，而且无法自行获取副本，因为当时在亿客行网站上还没有这样的功能。

之后，亿客行推出了一些直截了当的解决方案，用户再也不必致电客服，也无须索取行程详情单副本，比如对电子邮件确认步骤进行了调整，以避免邮件被垃圾邮件过滤器阻拦，同时在自助语音电话应答菜单中增加了重新发送行程单副本的选项，同时对网站也进行了改进，以支持客户自助申请行程单副本。

最终的结果是，打入亿客行客服部门的电话量大大减少，只占该网站总用户数的 15% 左右，而在 2012 年这一比例却是 58%。这些举措使亿客行能够以更低的运营成本提供更好、更轻松的用户体验，因为每一个来电都会导致运营费用的增加。

这个案例给了我们一个非常重要的启示，那就是从长远来看，卓越的、毫不费力的用户体验实际上是可以降低成本的。传统观点认为，用户体验越好，成本越高，但当用户体验的改善有助于减少下个环节用户接触的次数，从而降低成本时，情况就并非总是如此了。

正如亿客行认识到的那样，很少有人会在早上醒来时说“我已经等不及了，我要给在线旅游预订公司打电话”。用户只是希望事情可以按照既定的方式运转，而不需要额外的干预。避免不必要的用户联系是实现这一目标的基本策略。

轻松自如的界面，能与“免费”竞争

你如何与免费模式竞争？这是史蒂夫·乔布斯和他的苹果团队在考虑进入音乐文件共享业务时不得不面对的一个挑战。那是 2002 年初，随着点对点文件共享网站将音乐盗版变成一种主流活动，音乐产业陷入了困境。点对点网络始于 1999 年的 Napster，尽管唱片公司试图并最终成功地让 Napster 破产，但其他文件共享网站也在这一领域蓬勃发展，诸如 Kazaa、LimeWire 和 BitTorrent。

音乐爱好者不仅是为了免费下载音乐而访问这些网站，他们更希望创建自己的个性化播放列表，并将其刻录在 CD 或转存到 MP3 播放器上，这样他们就可以随时随地收听他们喜欢的音乐。

然而，这些免费的音乐文件共享服务是有代价的。众所周知，它们非常难用。搜索一首歌曲，你会得到几十个结果，基本上包含了所有文件共享服务用户存储在他们电脑上的所有歌曲副本。运气好的话，用户能选到正确的版本，因为当时还没有试听的功能。此外，一旦你选择了一个文件并试图下载，事情就变得更加糟糕，因为用乔布斯的话来说就是，文件传输“像糖浆流动一样慢”，而且还可能“中途崩溃”。通常，这些服务器上的文件甚至没有正确编码，这意味着你下载一个文件，却发现歌曲的最后 4 秒被剪掉了。

下载文件后，你还需要使用其他软件来存储编排，或将它们传输到便携式的存储设备上。正如乔布斯在 2001 年 Macworld 大会的演讲中讽刺地说："这些程序不仅复杂，而且相当难用。"

乔布斯抓住了机会，创建了音乐文件共享服务，这种服务比当时市场上的任何程序都更容易使用，而且还与苹果的 iPod MP3 播放器无缝衔接。这促使苹果公司开发了 iTunes 音乐商店，并且在 2003 年正式推出。iTunes 界面简单、直观，在购买歌曲之前可以试听 30 秒，支付过程简单，还可以轻松地将音乐和播放列表传输到 CD 和 iPod 上。

然而，要想成功，iTunes 需要有一个强大的歌曲目录，而这就需要让所有主要唱片公司的高管参与其中。乔布斯是一位说服高手，但唱片公司的高管并不那么容易被说服。这些人需要知道，用户为什么要花 99 美分从 iTunes 购买一首他们可以通过在其他文件共享服务中免费获得的歌曲？乔布斯对这一观点的回应简洁明了。他相信与免费模式竞争的方法是让 iTunes 变得更加易于使用。

当唱片公司高管看到 iTunes 的演示，他们被说服了。华纳音乐集团高管保罗·维迪奇（Paul Vidich）在 2013 年接受《滚石》杂志采访时回忆道："记得我当时在想：这也太简单了，但确实很好用。太棒了。"第一周，iTunes Store 就有 100 万首歌曲的下载量。到了 2010 年，iTunes 已成为世界上最大的音乐零售商。人们通常认为 iPod 在 21 世纪初扭转了苹果公司的命运，将其从一家小众电脑制造商转变为一个标志性品牌，但实际情况则比较微妙。

苹果公司前首席宣传官盖伊·川崎（Guy Kawasaki）在 2014 年的一次采访中说："iPod 的成就应当归功于 iTunes，而不是 iPod 本身。"事实上，直到 iTunes Store 推出之后，iPod 的销售才真正飞速上涨，这反映出苹果公司的产品背后的真正力量是它在 iPod 和 iTunes 之间创建的易于使用的生态系统。用乔布斯自己的话来说，由此带来的用户体验“真的很棒……这也是我们做过的最重要的事情”。

iTunes 的故事不仅是一个轻松自如的用户界面的故事，也是一个无缝衔接的故事。这是真体验的标志，将相互影响且相互补充的两个部分完美地结合在了一起。在苹果公司的案例中，它是硬件与软件互补的整合，但整合不一定是纯技术的，也可以是过渡性的。

可以思考一下在实际业务中两个职能部门之间的整合。作为一名用户，你有时不得不向公司代表咨询一些事情，结果却被告知需要由其他部门的员工来帮助你。接下来的事情就是，你的电话被转接到另一个部门，然后你不得不向新接听你电话的人重复你之前所说的。这就是一种非常糟糕的整合，给用户造成了不必要的身体努力，用户必须重复他们的问题、诉求或投诉。

考虑一下用户的引导流程，这是销售和售后体验之间的“桥梁”。作为一名消费者或商人，你是否会经常遇到，在购买过程中销售人员所做出的承诺和保证，在销售完成后似乎并没有成功兑现？这就是销售和售后服务功能之间整合的失败，它使用户在整个用户生命周期中的过渡变得更加困难、令人沮丧和疲惫不堪。

苹果公司的例子说明了两个关键点。首先，易于使用的用户体验对人们来说是非常宝贵的，以至于即使存在免费的替代方案可供选择，人们也愿意为其支付更多的费用。时间是我们最宝贵的有限资源，因此，当某企业或个人给了我们时间和便利时，我们也会赋予它更大的价值。

其次，iPod 和 iTunes 的故事强调了在提供卓越的、易于使用的用户体验时，无缝整合和过渡的重要性。体验的不同部分整合在一起的方式，无论是产品组件的整合、职能部门之间的协调，还是用户体验之间的过渡，都会对与体验相关的身体努力产生实质性的影响。

把烦琐的问题留给自己而非用户

在 2007—2008 年银行业危机之后，英国财政大臣成立了一个由英国经济学家约翰·维克斯（John Vickers）爵士领导的独立委员会，探索加强英国银行系统的途径。

虽然全球银行业的麻烦可能始于美国的次贷危机，但由此产生的金融危机迅速蔓延到了大西洋彼岸，英国的北岩银行（Northern Rock）是第一批受害者之一。该银行面临流动性紧缩，被迫向英国政府寻求帮助，政府最终将北岩银行国有化，但在收归之前，消费者的担忧导致了英国银行 150 年来的首次挤兑。

维克斯领导的委员会的目标是找出英国银行业的系统性风险，并提出改革建议，以降低未来银行破产和政府纾困的可能性。委员会在其最终报告中强调的一个风险是英国银行业缺乏竞争。金融危机后，银行服务高度集中，因为较小的银行或者倒闭，或者不得不被较大的银行所收购。据该委员会称，这种缺乏竞争的情况意味着少数大型金融机构有可能会利用消费者。此外，如果这些机构在未来遇到麻烦，它们可能会因为规模太大而无法倒闭，因此很有可能需要政府的救助。

该委员会的结论是，这种缺乏竞争的情况在很大程度上是由一个明显的缺陷所导致的，那就是消费者并不太愿意更换银行。尽管总体上用户对其选择的银行的满意度很低，但实际上每年更换银行的消费者不到 4%，这一比例远低于英国的其他行业。

这是因为消费者知道更换银行是一件很麻烦的事情：开立新的账户和关闭旧的账户都需要填写各种表格。根据英国银行业的规定，仅这一过程就需要长达 30 个工作日才能完成。此外，消费者必须费力地将他们新的银行账户信息提供给那些使用他们的旧账户进行借记或贷记的机构和个人，例如工资、存款和自动账单支付等。而且，人们总是会担心，如果你没有及时告知别人，最终会造成要么拖欠账单，要么失去本该属于自己的资金。

考虑到更换银行带来的麻烦，用户关系的“黏性”就不足为奇了，这在美国和英国市场都是非常明显的。实际和感受到的转换成本造成了消费者的高度惰性。因此，即使消费者对银行的信任度不高，他们也不会轻易地更换银行，因为这是阻力最小的途径。这也是许多银行对待用户的方式如此“糟糕”和向用户提供的体验充满各种烦恼的原因，例如隐藏费用、令人困惑的资金可用性规则、缺乏竞争力的利率和使用不便的移动 App 等。

维克斯领导的委员会试图通过提出建立一个新的全国性系统来消除这种阻碍竞争的摩擦，该系统将使更换银行成为一种轻松的体验。该项目被称为经常账户[①]交换系统（CASS），于 2013 年在英国银行自动清算系统（BACS）的监督下正式推出。

现在，消费者不必再费力地关闭旧账户和通知所有直接存款人和债权人，而是由他们选择的新银行来处理这一切事务。消费者只需在选定的银行开立一个新账户，然后建议该机构使用 CASS 来进行过渡。新银行会处理一切，包括关闭旧账户并发出所有必要的通知。

该项目还包括经常账户转换担保（CASG），以帮助减轻消费者对交易的恐惧。它保证整个过渡将在 7 个工作日内完成。该担保还规定，在过渡后的 36 个月内，消费者的旧银行账户将被监控，一旦有贷记和借记行为，交易将自动转到新账户，并通知支付提供商。如果过渡过程中出现任何不按原计划进行的情况，该担保保证退还向消费者收取的任何利息、费用或罚款。

英国消费者对 CASS 服务非常满意。虽然这是由政府牵头发起的全行业的用户体验改善行动，但它仍然表明了另一种减少用户努力的有效策略，那就

---

① 英国的经常账户相当于中国的活期账户。——编者注

是尽量减轻用户的负担。

这是一个重要的方法，因为对于某些类型的体验，可能出于监管的考虑、技术的限制或程序的制约，用户努力不能减少到零。用户必须填写表格，与各方沟通，将信息从一个地方转移到另一个地方，或者做一些其他的琐碎工作。在这些情况下，消除用户努力的方法就是替用户承担这些工作。

CASS 将这一方法应用于众所周知的令人沮丧的业务流程中。它并不能消除更换银行的所有用户努力，因为消费者仍然需要选择一家新银行并在那里开户，但它大大减少了进行整个操作所需的时间和精力，这就是为什么人们喜欢这项服务。

从来没有人会说："请随便浪费我的时间！"

这就是为什么最小化用户努力是一种强大的用户体验设计技术，也是 12 条法则中通用性很好的例子。在任何用户类型中，没有人喜欢让别人浪费自己的时间或精力。那些始终如一地提供毫不费力的体验的公司，尤其是在以摩擦著称的业务或互动中，将会脱颖而出并超越竞争对手。

真体验实践

如何做到易于使用的体验

- **从用户努力的角度来看待问题。**检查你的用户体验，确定哪些接触点你可以替用户承担不必要的、可避免的工作，然后开始通过大大小小的改进抓住这些机会。要知道，你从用户肩上卸下的每一分负担，都会让他们在你的业务中获得更好、更有吸引力、更加难忘的体验。

- **言出必行。**这条建议看似显而易见，但却值得强调，因为人们常常不遵守这一基本原则。如果你没有兑现对用户的承诺，即使是小到在规定的时间内未给他们回电话这样简单的事情，也会给他们带来不必要的麻烦，他们需要再拨打电话询问，发送提醒邮件，或者去找其他可以帮助他们的人。无论是在市场竞争中还是在工作场所，做出承诺并始终如一地履行承诺，仅仅这一点就能让你脱颖而出。

- **即使没有更新，也请及时告知用户状态进展。**当用户复杂的请求需要你花时间来研究和 / 或完成时，请告知他们什么时候能收到你的答复，然后兑现承诺。即使公司没有新的信息可以分享，按时答复也非常重要。按照约定的时间与用户沟通，客户就无须再跟进，从而减少用户努力。

- **在设计用户界面时要考虑减少用户努力。**通过在用户界面设计中采用最佳实践使网站和移动应用程序等数字交互渠道变得易于使用。即使是减少点击鼠标和按钮的细微改进，比如自动将用户的光标从信用卡号字段移到有效期字段，也会使用户的数字体验更加愉快。

- **注意避免缺货的情况。**当用户需要你的产品而无法获得时，这会造成用户努力。他们必须寻找其他方法来满足这一需求，例如，去另一家商店或寻找替代产品。对于许多类型的企业来说，要彻底消除缺货情况，成本将高得令人望而却步。然而，重要的是，在做出有关供应链和库存管理的决策时，要深刻地认识到产品供应将会如何影响用户努力和整体体验。当出现缺货情况时，请让你的用户在供应恢复后毫不费力地获得产品，例如，在网站上设置“到货通知”功能。

- **通过上游环节的改进，避免不必要的用户联系。**许多企业会追踪用户给客服打电话、发短信和电子邮件的具体情况，却很少有人研究用户为什么会主动发起联系，但真正的洞见恰恰藏于此间。通过在上游环节增强用户体验，可以避免许多由用户主动联系而产生的用户努力，例如，通过使网站的内容和照片更具描述性，用户可以预先进行产品功能查询；通过重新设计更清晰的用户对账单，用户可以自助进行账单查询；通过提供视频教程和简单的操作指南，用户可以自行解决产品组装或安装的问题。不要只是努力让与用户的互动变得更轻松，还要质疑这些互动是否应该发生。

- **及时全面地回应。**当用户联系你寻求帮助，而你没有及时回应时，这就会引发用户后续再次跟进，从而增加用户努力。即使你不能立即解答，至少也要回应他们的询问，并设定一个你能给出答案的预期。当你最终做出回应时，应当确保回应是完整的。如果有人在一封电子邮件中问了你 3 个问题，而你在回复中只回答了 2 个，他们将不得不再次给你发邮件，这会给他们带来更多不必要和令人沮丧的努力。

- **避免询问你已经知道的用户信息。**当用户被要求提供企业已经拥有的用户信息时，就会产生不必要的努力。常见而恼人的例子包括：表单上的重复数据输入；即使用户已经将账号输入自动语音应答系统，呼叫中心代表仍然向用户询问他们的账号；满意度调查中询问已存档的个人基本信息。除安全认证外，避免要求用户重复提供以前提供过的信息，包括互动渠道出现交叉时，比如从网站到呼叫中心。此外，当用户需要填写表格时，尽可能在表格中预先填写已经存档或你已经获得的信息，从而进一步减轻他们的负担。

- **争取一次解决用户的诉求。**企业通常以一种内部看似合理的方式组织自己，但实际上最终造成了更多的用户努力。例如，员工职责的过度功能化，虽然会在组织架构图上形成漂亮、清晰的线条，却会导致意想不到的后果，即公司各部门面向用户的流程变得支离破碎。这意味着用户的需求必须被转移或重新投递到其他部门才能解决，这需要用户做更多琐碎的工作，一遍又一遍地讲述他们的诉求，等待解决的时间也更长。努力建立一个一次性完成的模式，在这种模式下，单个公司代表，或者至少是一起工作的小团队，可以拥有常见事件的执行权。在寻求帮助时，用户最喜欢看到的莫过于公司代表自信地说“我可以帮你解决”，然后兑现这个承诺。

- **把用户的时间和关注点视为至高无上。**这种理念在亚马逊的用户体验战略中占有重要地位，也应该贯穿你的所有业务运营和与用户的互动中。要毫不留情地根除那些可能浪费用户时间的操作，因为如果人们认为你不尊重他们的时间，这肯定会给他们的体验造成一个低谷，而且他们会在很长一段时间内都记得这个低谷。
- **消除工作场所中导致员工无效努力的因素。**乍一看，你可能认为应该鼓励员工努力工作。虽然这通常是正确的，但事实是，员工经常会因为适得其反、本可避免的努力而导致生产率低下。常见的罪魁祸首包括过时并且难以正常运作的内部系统、限制员工权限的规章制度、糟糕或不完整的程序文件，甚至包括老板表达不清晰造成的沟通不畅。这些都是工作场所结构方面的例子，给员工带来了非生产性的努力，把他们的时间和注意力从服务用户这一首要任务上转移了。寻找这些浪费时间和精力以及降低工作效率的诱因并逐步消除它们，你的员工就会更容易提供易于使用的体验，他们和你的用户才会更开心。

真体验要领

FROM IMPRESSED TO OBSESSED

- 一次真正易于使用的体验，往往能够成为一次非凡的、令人难忘的高峰时刻。
- 改进上游环节的体验，预防性地解决常见的用户服务问题，能有效减少用户努力。
- 用户努力的来源可能无法完全消除。在这些情况下，要主动承担烦琐的工作，减轻用户的困难。

第 10 章

法则 4：保持认知简单

第 9 章介绍的 CASS 在许多层面都取得了成功。不但消费者喜欢它，并且它引发的行业竞争促使许多银行提高了服务水平，为用户提供了更好的体验。毕竟，CASS 的最终目标是为所有银行服务的对象创造更好的用户体验，无论他们是否真的更换了机构。

因此，使用该服务的消费者数量从来不是衡量成功与否的主要指标，尽管它是一个受到监控的指标。截至 2020 年 6 月，有近 700 万英国消费者使用 CASS，但自该服务首次推出以来，更换银行的消费者的年度数量实际上是略有下降的。

CASS 让消费者更换银行变得更容易，那为什么该数量却在下降呢？

许多机构都对这个问题进行了研究，并且一致认为有多种因素在起作用。人们的认知仍然是一个问题。尽管用户代表努力积极推广这项服务，但许多消费者不知道或不理解 CASS 的好处。另外，情感上的依赖也起了一定作用。人们在年轻时期就建立了经常账户，并为伴随他们走过了人生许多阶段的品牌赋予了附加值。研究也指出了另一个阻碍更换银行的障碍，正好为本章提供了一个完美注解：对银行经常账户产品的比较实在太难了。

基本的经常账户对英国消费者是免费的，因此，与许多其他类型的消费品相比，价格实际上不再成为选择的标准。这并不意味着所有的经常账户产品都是一样的，不同产品在服务质量、金融激励、利率和透支费用方面都存在差异。然而，对于消费者来说，要对各个银行的经常账户的同类型产品进行严格的比较并非易事。

总之，选择并非易事。复杂性创造了一种完全不同类型的用户努力，不是上一章所述的身体上的，而是认知上的。

简单就会在市场上获胜

认知努力指的是完成某件事所需的脑力劳动。就像身体努力一样，认知努力对人类的心理并没有太大的吸引力。从本质上来说，人类就是懒惰的生物。我们遵循美国心理学家克拉克·赫尔（Clark Hull）著名的“最少工作法则”。我们对努力有一种内在的厌恶，无论在身体上还是认知上。在所有条件相同的情况下，我们更喜欢选择阻力最小的道路。

事实上，按照我们大脑的构造，我们会对复杂的事物产生退缩。这就像进化过程中的“战斗或逃跑”触发器。当面对难以理解或解释的事情时，我们基本上会选择逃避，以躲避脑力消耗。在用户体验中，这种情况表现为参与度下降：潜在用户不转化，现有用户变得疏远，甚至完全流失。这两种情况带来的后果都很糟。

更糟糕的是，需要高度认知努力的互动往往更容易被记住。这意味着，使人感到费力的体验不仅在当下不受欢迎，它们还会创造一个令人难忘的低谷，从负面角度影响人们对品牌的印象。

解决复杂的方法当然就是保持简单。我们害怕复杂，我们渴望简单。可以说，简单的就是聪明的、吸引人的和值得信赖的。正如企业执行董事会在一项有关该主题的研究中所发现的那样：**简单就会在市场上获胜。研究人员发现，在推动销售计划落地、回购行为和正面口碑方面，简单是最具影响力的因素。**

然而，关键的挑战在于，在商业领域中，如果有一件事情可以真正毫不费力地做到，那就是创造复杂性。在专业的背景下，这是阻力最小的路径，是工作量更少的法则，这就是为什么这么多企业不接受简单法则。创建复杂的流程、策略、沟通和系统相对更容易。商业领袖之所以能获得财富，是因为他们把认知上复杂的东西变得优雅而简单。让我们来探索以下几种实现这一目标的方法。

用户并不希望有太多选择

希娜·艾扬格（Sheena Iyengar）曾是斯坦福大学社会心理学专业的研究生，她经常光顾一家以商品种类繁多而著称的高档杂货店。这里有数百种水果和蔬菜，令人眼花缭乱的芥末酱和醋，甚至还有几十种瓶装水——这一产品类别似乎无法支持如此大的差异化。她想知道所有这么多选择是否真的对顾客有帮助，于是她设计了一个实验来寻找答案。

艾扬格在商店入口附近设立了一个果酱品尝摊位。有时她在摊位上展示 6 种口味的果酱，有时展示 24 种口味。虽然有更多的人会被有 24 种口味的摊位所吸引，但真正购买的人却很少。事实上，当只有 6 种口味可供选择时，人们购买果酱的可能性要高出 6 倍。这就是心理学家、斯沃斯莫尔学院教授巴里·施瓦茨（Barry Schwartz）所说的“选择悖论”。在 24 种口味的果酱中做出选择是很难的一件事，它会耗费大量精力，导致认知疲劳，这就是为什么在艾扬格的实验中有那么多人没有购买果酱就离开了她的摊位。然而，一旦选择范围缩小，就更容易吸引消费者做出选择，并促进成交。

决策复杂性的不利影响不仅局限于选择行为。艾扬格通过其他研究发现，当人们事后想起那么多的备选项时，就会对自己的选择不太满意，甚至会后悔。本质上来说，这是在事后怀疑自己的决定。而当选择有限时，这种行为就不太明显。

如果你觉得从品尝摊位买果酱这个实验过于简单，无法将结果延伸到一般的用户体验中，那么你需要知道，这种现象存在于很多情况中。即使是在金融服务领域，消费者做出的决定可以说远比购买果酱要重要得多，但人们似乎也无法免受“选择悖论”的影响。

几年以后，艾扬格将注意力从果酱转向了美国的 401（k）计划[①]。她与先锋领航投资公司（Vanguard Investments）合作，分析了涵盖近 90 万人、647 项退休计划的数据，发现 401（k）计划中包含的投资选项越多，人们选择该退休计划的可能性就越小。每增加 10 个投资选项，雇员参与率就会下降约 2%。如果提供 50 只基金，与只提供 5 只基金相比，雇员参与率会下降 10%。

在商界普遍存在着一种误解，那就是认为顾客想要无限多的选择，比如数不尽的颜色、丰富的产品配置和众多的服务选项。然而，**现实的情况是，顾客并不希望有太多选择，他们想要的是选择的感觉。在某些情况下，他们希望有一位值得信赖的顾问来指导他们进行选择。**

乔氏超市（Trader Joe’s）通过有意识地限制每个类别的产品数量，为其商业模式注入了简单性。这家超市拥有大批粉丝，单位面积货架的销售额是全食超市的两倍多。这家店成功的原因之一就是，它让人们的选择更容易。

① 也称 401 条款，始于 20 世纪 80 年代初的美国，是一种由雇员和雇主共同缴费建立起来的完全基金式的养老保险制度。——编者注

一家乔氏超市门店在售大约 4 000 个库存单位（SKU），仅为同类店铺在售 50 000 个库存单位的不到 1/10。顾客无须在数百种意大利面酱中进行选择，而只需从大约 12 种中来挑选。对于顾客来说，这就像是乔氏超市为他们精心挑选了商品，让他们的购物体验更轻松、更愉快。这就是简单决策的力量。

特斯拉的二元选择，让用户轻松决策

限制选择的数量是促进简单性的一种方法，另一种方法是通过帮助用户"导航"到适合的选项来避免决策的复杂性。这可以通过将信息区块化来实现，使其选择产品更容易。与其用一堆令人头疼的选择来轰炸你的用户，不如通过将类似的产品归类在一起，或者通过创建一系列较小的选择来分解决策，从而使整体决策看起来不那么令人生畏。

例如，汽车制造行业中用户满意度和忠诚度最高的公司之一特斯拉完全依赖网络销售。它以一个简单的二元选择开启了其大多数车型的购买体验，你想买一辆长续航版的，还是高性能版的？这种二元选择（如图 10-1 所示）从根本上简化了客户的决策过程，一旦做出了选择，许多其他组成部分就会自动呈现。

同样值得强调的是，特斯拉网站上最初的二元选择是精心设计的，不是围绕产品规格导向，比如你想要发动机 A 还是发动机 B，而是围绕用户需求导向。这将决策置于消费者熟悉的语境中，用消费者能理解的方式解释了可供选择的方案对他们真正意味着什么。这也使决策更容易，我们将在下一节中进一步探讨这一策略。

一旦特斯拉的用户做出了初步选择，他们将被几个界面引导，每个界面都只聚焦少数几个额外的选择（不超过 3 个）。通过将决策分为这些较小的部分，而不是将它们全部显示在一个可滚动的长页面上，特斯拉保持了用户的参与度，并将用户的决策疲劳降至最低。

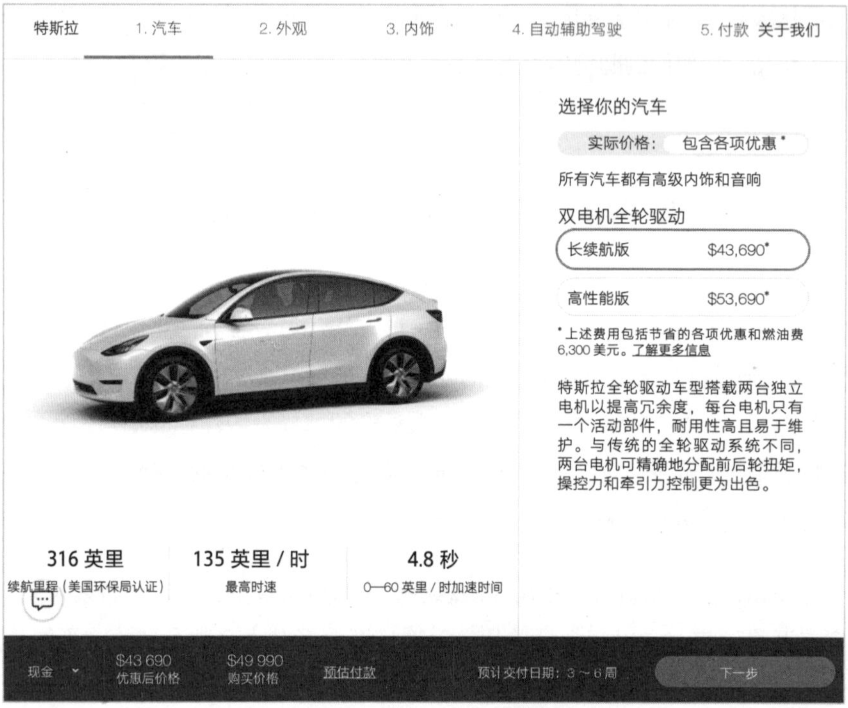

图 10-1　特斯拉汽车配置网站

特斯拉的做法与其他汽车制造商的做法形成了鲜明的对比。后者在网上和商店里用一系列无穷无尽的装饰和选项来“轰炸”用户；特斯拉采取了一种完全不同的做法，允许购车者在限定条件内定制自己的车辆，并指导他们逐步完成这一流程，这样做使用户决策更容易，用户也更满意。

虽然数字渠道为跨多个网页或移动 App 屏幕进行信息区块化提供了有效的平台支持，但这绝不是唯一的方法。有时，即使只是对信息进行简洁的分类，也可以让用户更容易理解和使用。例如：评估钻石质量的“4C”标准就是一个很恰当的例子。

在 1940 年以前，珠宝商还没有简单直观的方法来描述钻石质量的标准，更不用说顾客了。这时有点像西部蛮荒时期，珠宝商们用自己想出的说法和方法来解释钻石的物理特性，从而证明其价值。

来自堪萨斯州威奇托市的中年珠宝零售商老罗伯特·希普利（Robert Shipley, Sr.）为珠宝行业带来了专业性的评估标准，他成立了美国宝石学院，并发明了 4C 标准：色泽、净度、切工和重量（克拉），这彻底刷新了整个行业的认知。这种简单易记的分类法使这项充满复杂性的鉴别工作耳目一新。希普利的创新在与钻石开采公司戴比尔斯（De Beers）的合作中得到了推广，它使珠宝商和消费者更容易理解和解释钻石的质量。这说明了像信息组织这样简单的东西应该如何从根本上改变体验的认知复杂性。

在用户熟悉的语境下沟通

特斯拉巧妙地围绕一个易于理解的概念来设计其最高级别的汽车配置选择：你想要一辆长途行驶中无须充电的汽车，还是想要一辆性能像跑车一样的汽车？

这种方法适用于向用户传递信息的任何接触点。这就是要提供以用户为中心的背景信息，所以你不仅仅是在传递信息，你也在促进理解。

设身处地地考虑一下这个情景，一个人的洗碗机坏了，只有当他在家的时候，电器维修人员才能来修理。如果家电修理店告诉他的预约是维修师傅一天内的第四个工单，这对用户没有任何帮助。这个信息是毫无意义和不符合用户语境的。对于用户来说，如果能够告知维修师傅上门的具体时间范围，就会简单得多，也会更容易理解。

同样，对于用户来说，知道他们的数码相机的 SD 卡有 32G 的存储空间并没有什么价值，重要的是知道这张 SD 卡大约可以存放 8 000 张照片。减少认知努力指的是在用户熟悉的语境下与他们沟通，这样他们就不必耗费任何脑力劳动来获得他们真正需要的信息。

然而，背景信息只是这种事情的一部分。如果用来提供背景信息的词汇和短语本身就充满了复杂性，那么认知努力仍然会接踵而至。你最后一次看到容易理解的信用卡协议、保险单或商业合同是什么时候？这是很罕见的，因为在口头和书面交流中，组织及其员工通常喜欢使用行业术语和法律术语。

那么，应该怎么做呢？

首先也是最重要的一点，在沟通中，要让对方毫不费力地获得所需的信息。用几段话来表达某件事要比用一句话来表达同一件事容易得多。然而，有时沟通的复杂性更多是蓄意和不道德的。它被沟通者用作一种权力的游戏，让用户或同事认为传递信息的人是聪明的和不可或缺的。沟通的复杂性也可能源于保守的风险管理，利用条款、条件和细则来保护自己免受最不可能发生的情况的影响。

无论是何种原因，凡是复杂的、充满术语的沟通，对用户体验都是不利的。这不仅会造成不必要的认知努力，而且还可能引发用户自卑甚至尴尬的负面情绪。在下一章中，你将进一步了解这种情绪在塑造用户体验和记忆中所起的作用。

使用简单明了的语言与每一位用户沟通。如果做不到的话，至少通过提供补充信息来帮助用户理解那些最难以理解的材料，从而保证用户免受复杂性的影响。例如，可以参考一下可画（Canva），这是一家最近估值 60 亿美元的澳大利亚平面设计初创公司，看一看他们是如何向用户展示其隐私政策的，如图 10–2 所示。

可画把传统的、复杂的、充满法律术语的隐私声明变成对用户来说更简单、更易于理解的内容。该条款分为两列，左边是典型的律师起草的版本，右边是简明扼要的摘要。他们甚至采用了一种随意而诙谐的语调在充满专业术语的条款中注入了自己品牌的信息。这是一个很好的例子，将大多数公司视为低价值管理任务的用户沟通，转变为简单、新鲜和令人难忘的内容。

（f）清晰的动图 / 网络信标 当您使用本服务时，我们可能会使用清晰的动图（也称为网络信标）来匿名跟踪我们用户的在线使用模式。此外，我们还可能在发送给用户的基于 HTML 的电子邮件中使用清晰的动图，以跟踪收件人打开了哪些电子邮件以及点击了哪些链接。这些信息有助于更准确地报告和改进本服务。	摘要：为了检查有多少人打开我们发送的电子邮件和访问我们的网站，我们可能会对图像做一些相应的处理。
（g）设备标识符 当您使用或通过移动设备（包括但不限于智能手机或平板电脑）访问本服务时，我们可能会访问、收集、监控和 / 或远程存储一个或多个“设备标识符”，例如通用唯一标识符（UUID）。设备标识符是存储在您的设备上或与之关联的小型数据文件或类似数据结构，用于识别您的设备。设备标识符可以是与设备硬件连接存储的数据，与设备操作系统或其他软件连接存储的数据，也可以是由可画发送到设备的数据。设备标识符可能会向我们传达有关您如何浏览和使用本服务的信息。设备标识符可能会永久保留在您的设备上，以帮助您更快地登录并增强您在服务中的快捷访问。如果设备标识符的使用或可用性受损或被禁用，则本服务的某些功能可能无法正常运行。可画使用的设备标识符包括 Android 广告 ID 和 iOS 广告标识符。	摘要：为了跟踪不同的人如何使用我们的服务，我们可能会在您的手机上存储一个唯一的 ID，以帮助我们做到这一点。

图 10-2　可画隐私政策摘录

用简洁明了的视觉设计吸引用户

我们在第 7 章中了解了“光环效应”，即一个特定的特征（与某个人或某件事相关）可以实质性地影响人们对这个人或事物的更广泛的印象。这种效应在设计制造简单化方面起着重要作用，因为事实证明，人们的确会通过封面来判断一本书的好坏。

在 2007 年的一项研究中，耶鲁大学、斯坦福大学和密歇根大学的一组研究人员试图回答一个商业人士都会感兴趣的问题：产品营销材料中使用的字体对人们的购买倾向有影响吗？

研究人员将研究对象分为两组。两组人都得到了描述同一套产品（各种手机）的印刷宣传品。描述完全相同。唯一的区别是，一组的产品描述是用不利于阅读的字体打印的，而另一组的是易于阅读的字体。

然后，参与者被问及他们会购买哪款手机，或者他们可以选择晚一点再决定并寻找其他替代品。

消费者看了用不利于阅读字体设计的宣传品后推迟购买的比例是另外一组消费者的 2.5 倍。字体本身对购买行为的影响就是如此之大！

在潜意识里，人们将阅读产品信息的困难视为购买决策困难的一个信号。所以这些测试对象所做的决策就是我们在遇到不愉快的认知努力时都会做的决策：他们会选择逃离，不想再继续了解，把决定推迟到明天，而在现实中，这个“明天”往往永远不会到来。

当我告诉人们这项研究结果时，他们的反应通常是：“好吧，那么，我们应该用什么字体呢？”但是，这绝不仅仅是字体的问题。它是关于用户体验的印刷品和数字产品的视觉吸引力对人们印象和行为的影响。

大多数人都能认识到，令人难以理解的过程和程序是如何引发认知努力，进而降低用户忠诚度的。然而，认知努力还可以通过更微妙和潜移默化的方式渗透到用户体验中，诸如商业计划书中不利于阅读的字体、网页上的满屏文字、对账单上密密麻麻缺少空隙的内容，以及标识使用的颜色与背景融为一体，使人难以辨识。

为了了解产品的视觉吸引力是如何影响用户体验的，可以参考以下两个沟通案例，它们都在非营利组织简明语言中心（CPL）举办的年度竞赛中获了奖，如图 10-3 和图 10-4 所示。

02/01/2011 星期二 15:02 传真　　　　　　　　　　003/006
2011年2月1日 上午10:20　　　　　　　　　　编号：0183　页码：3/6

0000236 7597207 000041 00010004

CareFirst
BlueCross BlueShield
[illegible]

保险理赔解释

YK

>0000236 7597207 001 92022 0000943

下列索赔是根据您的保险范围处理
IMD 1月续保
组号：

用户：

邮件管理员
邮政信箱14114

列克星敦市　　肯塔基州 40512-4114
1-(800)-722-2467

请将您对本保险金说明的任何疑问直接发送至上述地址或拨打联系电话咨询。我们需要您的身份证号码和此索赔号码来帮助您。

页码　1

身份证号码	索赔号码	患者姓名	接收日期	处理日期
			05/10/10	05/19/10

保险金总表

总费用	$566.00	
减去不允许的金额	158.56	
减去总免赔额	407.44	
支付总额		$0.00
该索赔的总付款		$0.00
患者支付总额（这是医疗保险机构向您收取的各项服务金额）	$407.44	

支付给：

保险金明细

提供商：　　　　　　服务日期：05/05/10-05/05/10
医疗保健

总费用	$66.00	
减去不可报销的金额（见备注PDC）	28.70	
减去总免赔额	37.30	
支付总额		$0.00
该索赔的总付款		$0.00
患者自付总额	$37.30	

保险金明细

提供商：　　　　　　服务日期：05/05/10-05/05/10
耐用医疗设备

总费用	$250.00	
减去不允许的金额-（见备注PXN）	64.93	
减去总免赔额	185.07	
支付总额		$0.00
该索赔的总付款		$0.00
患者自付总额	$185.07	

***** 接下页 *****

图 10-3　WonderMark 奖的用户沟通案例（复杂性）

IRS

财政部
美国国税局
堪萨斯城，密苏里州64999-0010

[redacted]

通知	CP21A
纳税年度	2004
通知日期	2009年3月2日
社会保障号码	999-99-9999
联系我们	电话 1-999-999-9999
您的来电号码	9999

第1页，共2页

2004年1040表格的更改
应付金额：24.60美元

根据您提供的信息，我们更改了您的2004年1040表格，以更正您的：
- 户主备案情况
- 豁免总额

结果，您欠缴24.60美元。

账单汇总	
所欠金额	$1076.63
税款减免	-963.00
利息减免	-89.03
截至2009年3月23日欠缴金额	$24.60

您需要立即做的事情：
如果您同意我们所做的调整
- 在2009年3月23日之前支付到期金额24.60美元，以避免额外的罚款和利息。

背面继续…

IRS

[redacted]

通知	CP21A
通知日期	2009年3月2日
社会保障号码	999-99-9999

付款

- 将您的支票或汇票支付给美国财政部。
- 在您的付款和任何信件上填写社会保障号码（999-99-9999）、纳税年度（2004）和表格编号（1040）。

应付金额
截至2009年3月23日　　¥24.60

美国国税局
堪萨斯城，密苏里州64999-0010

0000 0000000 0000000000 0000000 0000

图 10-4　ClearMark 奖的用户沟通案例（简单性）

图 10-3 的示例展示了 CPL 授予 WonderMark 类别的作品，该类别获奖作品是为最令人困惑、令人尴尬的用户沟通案例所保留的，本示例是一家健康保险公司的理赔解释（FOB）。

当你看到这份表格时，大脑是否瞬间卡顿了？难看的排版、缺少空隙的导航标题等都会影响文档的视觉吸引力，因此，你的大脑就不想尝试去解读。我们将此图与图 10-4 进行对比，你会有什么想法呢？

图 10-4 的示例获得了 CPL 的 ClearMark 奖，因为它是参赛作品中最清晰、最实用的用户沟通案例之一。即使远距离观看，你也能感觉到差异。它的排版更干净、更美观，其中最重要的是对空隙的合理运用。它使用大小不同的字体来强调信息的重要性，使用粗体标题和边框为读者提供导航提示。简而言之，这是一份认知轻松的文件，虽然它来自美国国税局，但是也以一种有意义和建设性的方式吸引了用户。

关于简单的重要性还有最后一点需要说明，那就是它不仅对单个用户接触点有影响，对后续的用户服务也有影响。以图 10-3 中的保险理赔解释为例。假设你是这家健康保险公司的用户，在邮件中收到了这份文件，实际上你对健康保险理赔有疑问，想通过阅读保险理赔解释文档来自己搞明白这些问题，但你可能很快就放弃了，因为这个报告太难理解了。接下来你会做些什么？最有可能的是，你会拿起电话，给健康保险公司打电话，向他们寻求帮助。而且这么做的人，不止你一个。你想象一下，像这样一个复杂的、令人费解的文档难道不会增加客服呼叫量吗？绝对会，这也强化了我们在上一章亿客行的案例中首次谈论的一个关键点，即从长远来看，简单、轻松的用户体验成本更低。

当你解决了用户体验中的认知复杂性时，你就可以最大限度地减少用户咨询中可以避免的困惑和歧义。保持认知简单可以用更低的成本带来更好的用户体验。

真体验实践

如何帮助用户“保持认知简单”

- **简单性应该贯穿于整个用户体验当中。**为了最大限度地减少不愉快的认知努力，从产品搜索到购买、使用和售后服务等全过程，应该在业务流程、信息材料、沟通方式和产品设计中体现出简单性。寻找用户似乎感到困惑、难以做出决定，或者只是因为沮丧而放弃购买的情况。这些可能是你应该应用简单法则的接触点。

- **通过限制选择来使决策更简单。**当用户面对太多的选择时，销售出去的可能性就会降低。在一个类别中选择多款产品，或者为定制服务提供多种选择时，都需要谨慎。这也有助于提高供应链和库存管理的效率。

- **从容易的决策开始，让决策过程更简单。**无论是在购买体验中，还是在其他用户接触点上，通过策略性地将选择项从容易到难排序，让人们更轻松地进行决策。从有两个或只有几个选项的选择开始，例如你想要一辆长续航版的还是高性能版的电动汽车？从这一步开始，逐步增加更多的选项，例如在 5 种外观颜色中进行选择。这有助于让用户在复杂、多参数的选项中更轻松地做出决策。

- **信息区块比，使选择产品更容易。**把决策和信息分解成多个小模块，让用户感觉更容易理解，也不那么令人生畏。通过细分决策过程，例如，通过跨越多个网页或实时对话不同的部分引导用户完成复杂的选择。在向人们展示复杂信息时，也要这样做，将其处理成高层次的类别或部分，以便用户更容易浏览从营销材料到产品供应等各种信息。

- **在网站上嵌入“帮我选择”功能。**利用数字渠道的独特功能，引导用户完成复杂的选择。与其简单地展示一系列产品或服务和相关描述，不如嵌入功能，允许用户通过明确自己的选择标准来缩小范围。这些标准可以与自身特征有关，比如鞋子的尺寸或颜色；也可以与功能特征有关，比如用户的使用习惯，也许是用于电子邮件交流、上网浏览，也许是用来听音乐。

- **可以减少不必要的使用说明。**如果你的产品需要大量的指导性内容供用户组装、配置或使用，那么退一步考虑，你是否真的在设计时考虑了简单性。最直观、认知轻松的产品几乎不需要任何指导。虽然在某些情况下，完全消除使用说明并不是一个合理的目标，但需要认识到，使用说明和直观性之间成反比关系。

- **制作精美、具有视觉吸引力的印刷宣传品和数字产品。**用户会从围绕用户体验的产品外观和感受中潜意识地做出决策。无论是销售方案、业务演示、装箱单、账单通知、财务对账单、网页、办公室沟通文件，甚至是员工绩效评估，都需要花时间使其在视觉上更有吸引力，让人感觉简洁流畅。使用利于阅读的字体，选择对比鲜明的颜色和背景让眼睛更舒适，适当运用空隙，通过将信息分解成更小的、可分割的区块来避免满屏文字，或者用清晰的标题和边框来安排内容，所有这些技巧都能带来细微的改进，帮助你更好地吸引目标受众。

- **沟通时使用通俗易懂的语言。**沟通的简洁不仅体现在视觉的吸引上，还会延伸到内容本身。当起草书面或口头通知内容时，避免使用术语和行话。把信息提炼成基本的组成部分，或者考虑将一句话所传达的信息改成一段话。总之，要让你的用户很轻松地理解你在说什么。

- **使用补充材料，避免用户沟通的复杂性。**有时，使用通俗易懂的语言是不可行的，例如公司律师不愿意简化的合同文本。在这些情况下，我们就需要创建简明语言的补充材料，帮助用户理解法律术语。虽然你仍然需要明确说明官方和法律文件的效力，但用户会感激你尝试提供的补充材料。

- **以用户能够理解的形式提供信息。**在沟通时，可以问问自己："我传达信息的方式是否对用户有帮助？"举例来说，这意味着，与其讨论移动设备的存储容量，不如告诉它能存储多少图片、歌曲或电影。与其让医院把药品的名称写在药瓶最显眼的地方，不如替换成患者的名字，这样家属更容易找到患者的药。与其详细描述保险单的承保范围，不如提供真实的案例，说明哪些情况下企业可以承保、哪些不可以承保。与其告诉员工即将到来的变革对公司有益处，不如强调这对员工有好处。这些方法都是尽量减少人们理解信息所需要的认知努力。
- **使用非传统、更直观的沟通工具。**有些概念可以通过其他平台更好地解释。例如，视频而不是书面形式可以更好地传达产品组装的说明。信息图、图表或动画可能更适合传达某些特定信息。

真体验要领

FROM IMPRESSED TO OBSESSED

- 把认知复杂的东西变得优雅而简单，就会在市场上获胜。
- 顾客不希望有太多的选择，他们想要的是选择的感觉，以及有一位值得信赖的顾问指导他们选择。
- 一些简单的心理技巧，如限制选择、信息区块化和决策由易到难，可以减少用户决策过程中的认知努力，让潜在用户成为实际用户，让现有用户成为忠实的粉丝。

第 11 章

法则 5：激发情感共鸣

在美国肯尼迪总统遇刺 50 年后，皮尤研究中心（Pew Research Center）对当天年龄在 8 岁以上的美国人进行了一项调查：当听到总统遇刺的消息时，你还记得自己在哪里，或者自己在做什么吗？

即使这个事件已过去了半个世纪，仍有 95% 的受访者清楚地记得自己当时在哪里，或者在做什么。在“9·11”恐怖袭击事件发生的 10 年后，清楚地记得那天的细节的人数比例更高。

人们不仅仅对这些负面的、令人痛心的历史事件有着清晰的记忆。皮尤研究中心还发现，人们对积极的、值得庆祝的事件也记忆犹新，比如 1969 年人类首次登上月球。

所有这些记忆的共同之处在于，它们都与大多数人强烈的情感体验有关。**事实证明，情感是一种强大的记忆线索，它影响着我们对所有事件的记忆，而不仅仅是重大历史事件。**

情感是一种强大的记忆线索

人们往往对不愉快或令人不安的事件记忆犹新，可能是总统遇刺、失去亲人，可能是被解雇，等等。非常积极的事件也会让人们印象深刻，比如结婚日期、第一个孩子的出生日期、赢得重大体育赛事冠军的时间。

与情感色彩有关的体验比那些没有情感色彩的体验更令人难忘。这不仅仅是心理学研究得出的有趣结论，而且与设计和提供真体验也息息相关。毕竟，正如前面几章所述，如果你想通过所提供的用户体验获得竞争优势，那就意味着用户与你接触的记忆应是积极的，且要超越他们与类似产品或服务提供者接触的所有记忆。

相反，如果你不利用情感的力量在人们的脑海中巩固与用户互动的记忆，那就太失职了。这就是为什么激发情感共鸣是卓越、令人难忘的用户体验设计的基本法则。

乍一看，激发情感共鸣的法则似乎只与某些行业有关。以迪士尼乐园或任何旅游景点为例，将要前往“魔法王国”的游客已经对度假充满了兴奋和热情，因此准备好了积极的情绪并形成了一定的记忆线索。而有些业务的本质并不能像迪士尼乐园那样轻易地使人产生积极的情绪，例如保险代理人、牙医或者遗产规划律师的业务，那么他们应该如何以类似的方式利用情感的力量呢？

事实上，激发情感共鸣的法则在任何行业（甚至包括保险、牙科和律师）中都是适用的，这是因为，让用户对一次体验产生情感共鸣的因素远比你想象的要微妙。

哈里斯互动公司（Harris Interactive）是一家因其民意调查数据被大量引用而闻名的市场调研公司，自 1999 年以来，该公司每年都会对企业声誉进行调研和排名。这些评级是基于对 3 万多名美国消费者的调查得出来的，所有消费者都被要求从 6 个维度对这些企业进行综合评估。

评估中的一个维度就是情感吸引力，有一家企业连续 7 年在这方面获得了最高排名，直到哈里斯公司在 2019 年修改了研究方法，并从维度列表中删除了情感吸引力的因素，才结束了这家公司独领风骚的局面。

令人惊讶的是，获得这一荣誉的公司并不是人们通常认为具有情感吸引力的公司。它不是苹果公司、迪士尼或耐克，也不是百威啤酒，而是亚马逊。

为什么亚马逊的情感吸引力全美第一

一家从事销售他人产品的平凡而机械的公司，一家几乎没有品牌零售店的公司，是如何年复一年地在情感吸引力排名上获得第一的呢？对这个问题的探索有助于解释为什么激发情感共鸣的法则适用于大多数组织。

当你点击亚马逊的“一键购买”按钮后，会发生什么？你会立刻收到一封电子邮件，与你确认你刚刚订购的产品信息，以及预计的发货时间。此外，它还有一个链接，可以轻松地追踪包裹的物流信息，这样你就可以看到它在运送途中的位置和状态。亚马逊还会在商品实际发货时发送第二封电子邮件，并在货物送达时发送第三封邮件。

当收到初始确认邮件时，亚马逊用户会感到安心。他们知道亚马逊的相关工作一切就绪，知道购买的商品很快就会送到自己的手中。正如《大西洋月刊》（*The Atlantic*）最近关于杰夫·贝佐斯的一篇简介中所说：“亚马逊是能力的化身，是一个罕见的存在。”

此外，人们收到亚马逊的确认邮件时，脑海中下意识地还会浮现一些其他想法：“太好了，我可以不用在人挤人的商场里去买这个东西了！”“我很高兴我不用在繁华的城市街道到处找停车位，而是可以通过直接点击线上的商店购买产品。”“谢天谢地，我不用冒着感染流行病的风险去商店买这个东西。”

亚马逊的情感吸引力被放大了，因为这种体验在两个重要方面引起了顾客的情感共鸣。首先，亚马逊激发了积极的情绪，因为亚马逊总体方面的可靠性和快速、及时的沟通让用户会感到放心和安心。其次，亚马逊创造的体验还有其他作用：它能缓解负面情绪，这里指的是与琐碎、令人烦躁有关的负面情绪。

这就是亚马逊能在用户中激起强烈情感反应的原因，而这种体验有助于以积极的方式在人们的脑海中留下深刻印象。

这也是激发情感共鸣的法则适用于大多数行业的原因。迪士尼乐园比保险代理人、牙医或遗产规划律师更有机会激发积极的情绪吗？作为一个度假胜地，或许确实可以。但我们也可以很容易地证明，那些看起来不那么光鲜亮丽的企业或服务比迪士尼乐园有更多的机会来缓解用户的负面情绪。

想想人们在与其他类型的企业互动时怀有的所有负面情绪。他们有时会担心：我是否能理解保险代理人或律师对我说的话呢？他们有时会尴尬：我会问一些让我看起来很愚蠢的问题吗？他们有时也会焦虑：这个牙科手术会痛吗？牙医到底会做些什么？如果我对结果不满意该怎么办？

激发情感不仅要强化积极的情绪，也要缓解负面情绪。当你成功地缓解了负面情绪，就会创造出积极的情绪。用自信取代恐惧，用平静取代焦虑，用温暖取代孤独，用清晰取代困惑，用信任取代怀疑，用宽慰取代忧虑。

这就是为什么任何企业都能创造出一种情感共鸣的体验，而并不是只有那些让人们联想到快乐、兴奋和敬畏的企业才可以。利用任何一次机会，以任何可能的方式强化积极的情绪，同样重要的是，创造一种将负面情绪排除在外的体验。

“弗雷迪击掌”，给用户创造情感高潮

如果你向 MailChimp 的 1 200 万用户询问什么是“弗雷迪击掌”，你很可能会看到一个灿烂的微笑。

为小企业提供营销工具的 MailChimp 公司成立于 2001 年，并且一直保持着盈利，现业务规模已达到 7 亿美元，成为电子邮件营销行业的领导者。它占据了美国 61% 的市场份额，给人留下了非常深刻的印象。该公司被《公司》杂志（*Inc.*）评选为 2017 年度最佳企业。如今，它仍然由其联合创始人本 · 切斯纳特（Ben Chestnut）和丹 · 库奇伍兹（Dan Kurzius）共同运营。

MailChimp 成功的秘诀之一就是它对小型企业市场的高度关注。令这家公司引以为傲的是，它非常了解小企业主的感受，包括情感高潮和低谷。

下面就是“弗雷迪击掌”的由来。艾伦 · 沃尔特（Aarron Walter）在加入 MailChimp 公司担任用户体验总监之前，曾是这家公司的用户。MailChimp 在 2012 年进行网站重新设计时，他回忆起了自己作为一个小企业主，准备在电子邮件营销活动中点击“发送”键时的感受。

任何有过相同经历的人都可以证明，这是一个充满压力的时刻。一旦发送出去，就无法撤回，你只能祈祷它很完美，没有任何令人尴尬的拼写错误，也没有让用户误解的内容。

沃尔特说，在发出这些电子邮件后，他总会想：现在就应该有人来我的办公室和我击掌！我是当之无愧的。于是，他写下一些在电子邮件发送后应该出现在 MailChimp 屏幕上的内容：击掌！你的电子邮件正在发送中。这些文字最终被设计成 GIF 动画（如图 11-1 所示），MailChimp 的卡通猴子吉祥物弗雷迪会在用户发送了营销邮件后，为他们击掌庆祝。

沃尔特承认，实际上，就设计、启动和监控用户的营销邮件而言，“弗雷

迪击掌”没有任何实质性的功能。它能为用户体验增加价值的原因就是因为它利用了情感的因素。“这与可用性无关，”沃尔特解释道，“与执行任务流程无关，只是对结果的一种反馈。”

图 11-1 MailChimp 的“弗雷迪击掌”

这个手势显然引起了 MailChimp 用户的共鸣，他们将“弗雷迪击掌”转变成一种社交媒体上的互动，在电脑屏幕上到处都是用户与弗雷迪击掌的照片。

当然，假设 MailChimp 的电子邮件营销服务在客观上来说很糟糕，假设它在基础层面上失败了，比如在规定的时间内电子邮件没有发送成功，那么一个可爱的 GIF 动画并不会改变任何人对该服务的看法。但在基础层面成功的情况下，“弗雷迪击掌”就是一个微妙的细节，它通过挖掘用户的情感需求来增强 MailChimp 的用户体验。它增强了一种成就感，让用户对他们把电子邮件营销活动投放到市场上的工作感到很满意。

因此，毋庸置疑的一点就是，强化积极的情绪不仅是为了提供一份让人们感到开心的卓越的用户体验。这也涉及利用各种机会，让人们在特定时候自我感觉良好。在 MailChimp 的案例中，这是为庆祝成功而设计的。对于其他企业来说，这可能涉及帮助用户感觉他们是社群的一分子，或者可以激发他们对购买决策的自信心，或者认可他们已经取得了一个里程碑式的成就。

无论该策略如何在你的业务中体现，关键是不仅要了解用户的理性需求，还要了解他们的情感需求。寻找机会来唤起和强化积极的情绪，因为这将使你的用户体验在情感上更容易产生共鸣和令人难忘。

缓解负面情绪的影响

道格·迪茨（Doug Dietz）花了两年半的时间设计了一台新的磁共振扫描仪，而一个年幼的孩子只用了几秒钟就让他意识到自己的大错特错。

迪茨曾是 GE 医疗（GE Healthcare）的一名工业设计师，专攻医疗成像系统的开发。当他最新的磁共振成像设备问世时，他迫不及待地到一家医院观看它实际运行情况。当他看着自己开发的设备安装在医院的磁共振室的时候，他自豪地向值班技术人员解释说，这台扫描仪已经获得了国际工业设计优秀奖的提名，该奖项是工业设计界最负盛名的奖项之一。然后，影像技术人员让迪茨走到走廊里，因为一名患者正在前往磁共振室准备检查。迪茨在走廊上所看到的一切永远改变了他对优秀产品设计的看法。

向他走来的是一名 7 岁左右的小女孩，她哭泣着紧紧地拉着父母的手。她的父亲安慰着她，并弯下腰说："记住，我们已经谈过了。你可以变得很勇敢。"当一家人走进磁共振室时，迪茨也跟了上去，蹲在女孩的身后，女孩被眼前的一切吓得呆在那里。迪茨也从这个女孩的角度看到了房间里的一切：设备里面很黑，荧光灯闪烁着，设备、家具和地板都是漂白色。墙上还张贴着警示标志，提醒着磁共振磁场所有的潜在危险。用迪茨的话来说，磁共振成像仪本身"看起来就像一块上面有个洞的大砖头"。

这个女孩甚至还没有听到磁共振扫描仪实际运行时发出的巨大而可怕的声响就已经很害怕了。她的父母同样心烦意乱，不知道如何帮助女儿顺利完成扫描检查。然而，这种情况对于医院的技术操作员来说显然并不陌生，他打电话叫来了麻醉师，为这个孩子注射了镇静剂。迪茨后来了解到，这是一种非常常见的方案，将近 80% 的儿童患者都必须使用镇静剂，这样他们才能躺着不动，以便进行扫描检查。

在医院磁共振室里看到的一切，对迪茨的震动很大。他说这次访问“改变了我的认知……我的工作是设计，原来我就只关注机器本身，而不考虑患者的真正体验”。

他决定做一个补救方案，想办法让儿童患者的磁共振检查不那么可怕。因此，GE 医疗推出了儿童友好型的“冒险系列”成像仪器。虽然扫描设备本身的结构没有改变，但是，其外观和整个扫描室却发生了根本性的变化。如图 11-2 所示，设备和扫描室被改造成了许多冒险主题故事的一部分，包括丛林之旅、海盗船之旅、潜艇之旅和太空之旅。

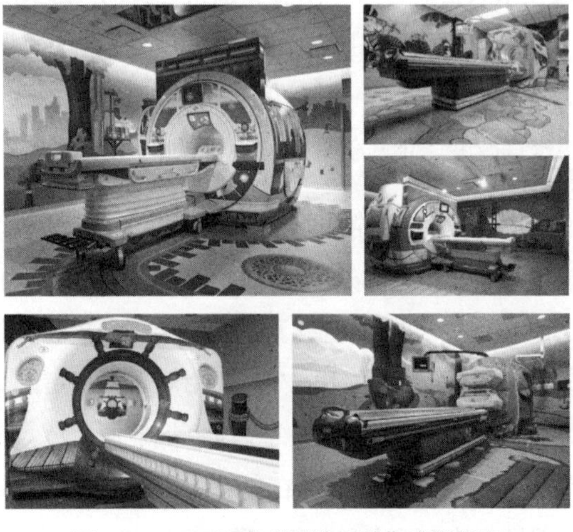

图 11-2　GE 医疗“冒险系列”成像仪器

资料来源：GE 医疗。

迪茨和他的同事并没有止步于房间和设备的视觉设计。他们想要“刺激所有感官”，于是使用芳香疗法为磁共振检查室注入与冒险主题一致的气味，用来掩盖在医院里经常会闻到的消毒水气味。他们还制作了辅助材料，例如与主题一致的彩色画图本，以帮助孩子们从他们自己的角度来解释这个过程。此外，还有一份技术人员的现场指南，帮助医务人员提升儿童患者的体验感，例如，提示儿童通过声音感知宇宙飞船的“超光速推进器”启动，但这实际上是磁共振扫描时所产生的巨大声响。

“冒险系列”成像仪器对儿童影像检查体验的影响令人敬佩。在一家早早采用了冒险系列磁共振仪器的医院，只有不到 3% 的儿童在做 CT 扫描时需要注射镇静剂，而之前的这一比例是 80%。磁共振成像检查中也有类似的效果，只有不到 27% 的患者需要镇静剂，而以前几乎每个 9 岁以下的儿童都需要注射麻醉剂。由于镇静时间缩短，医院报告称，与以前版本的设备相比，“冒险系列”成像仪器的使用率增加了大约 7%。

“冒险系列”成像仪器给患者留下的积极印象并不局限于患者本人。医院工作人员（他们是 GE 医疗 B2B 业务的主要用户）也很赞赏这项创新，因为这让他们的工作更容易开展，孩子们不再心烦意乱，他们也就不需要花更多的时间来哄孩子们躺上扫描设备了。[①]

虽然做检查时镇静剂使用率和设备使用率的统计数据是成功的重要指标，但让迪茨最满意的是患者自己的反应，比如，当他看到一个 6 岁的女孩从海盗船主题的磁共振检查室中出来时，她问她的妈妈：“我们明天还能再来吗？”

迪茨和他的团队不一定能激发这些患者的积极情绪，毕竟，谁会愿意做磁共振检查或 CT 呢？然而，他们通过“冒险系列”真正缓解了患者的负面

① 这也是一个很好的案例，说明了为什么在 B2B 业务和那些通过中介销售的业务中，在设计体验时必须考虑整个用户层次的需求。购买你的产品或服务的实体不只包括用户，还包括价值链上所有利益相关者。

情绪。他们站在患者的视角，考虑了患者在实际体验中的情感需求和脆弱性，比如儿童对手术的焦虑：从第一次去医院，到走进成像检查室，再到回家。迪茨后来解释说："我们试图为孩子们所经历的这些小的焦虑点找到解决办法。"

他的团队在这项努力中取得的成功意味着改造后的磁共振检查体验的创伤要小得多。虽然它可能无法与去迪士尼乐园游玩的体验相提并论（尽管那个 6 岁的女孩可能不这么认为），但这显然是一种更好的患者体验，因为它通过利用情感的力量，减轻了恐惧，平息了焦虑。因此，当孩子们离开这些成像扫描检查室时，脑海中并没有留下可怕的标志、设备和巨大声响这些记忆，而是留下了太空之旅、水下探险或丛林冒险的记忆。

正如迪兹和他的团队从"冒险系列"中所学到的那样，有时让用户体验产生情感共鸣的最佳方式不是放大积极情绪，而是缓解负面情绪。这是一种可以在业务互动中发挥巨大作用的策略，因为在互动中，用户可能会出于各种原因对自己的遭遇感到不安。

真体验实践

如何激发情感共鸣

- **塑造用户的情感体验，而非仅仅满足需求。**"感性的狗摇晃着理性的尾巴。"这句话最初是由社会心理学家乔纳森·海特（Jonathan Haidt）在一篇关于道德推理的论文中提出的。然而，海特的话后来被行为心理学家和"峰终定律"的创始人丹尼尔·卡尼曼引用，以证明另一个观点。也就是说，我们对体验的印象受到互动感受的影响，而不是对它如何满足我们的需求的纯粹的逻辑评估。因此，不要只关注你所提供的用户体验的机制。你还需要了解用户在体验过程中的感受，并利用这种洞察力来创造更多情感上的共鸣，从而创造更令人难忘的互动。

- **让用户觉得自己与众不同。**激发用户和员工积极情感的一个有效方法是让他们觉得自己就像是一个 VIP。个性化体验（我们将在第 16 章中介绍）可以帮助我们实现这一点，但简单的做法也有帮助，比如热情地欢迎回头客，用精心设计的“欢迎”信息为新用户服务，或者花时间从员工那里征求业务改进意见，并按照他们的建议采取行动。

- **全神贯注地关注别人。**另一种让别人感到特别的方法是，表现出你完全专注于他们和他们的需求。在与他人互动时，全神贯注，保持眼神交流。不要时不时地看你的手机，也不要扫视房间寻找一个“更好”的人来交谈。把注意力集中在你面前的人身上，让他们觉得自己是唯一的。

- **避免术语，言简意赅。**当然，这条建议与保持认知简单的法则有关。从情感的角度来看，当你与人们交流时使用了他们不理解的语言，或者当他们不得不承认自己难以理解时，他们可能会感到尴尬。就像任何情绪一样，这种尴尬加深了互动的记忆，但留下的并不是积极的印象。

- **激发积极情绪，强化购买决策。**用户希望知道他们自己“做对了”。他们希望在做出购买决定或任何其他类型的选择后感到自信和安心。可以通过提供肯定来利用这种情感需求。让他们知道自己做了一个明智的决定，也许是在顾客点餐后说一句“您真有眼光”，也许是在购买确认的邮件中强调顾客即将享受所有优惠。

- **创造期待和兴奋。**对于用户没有立即购买的产品或服务，使用沟通来提高用户对即将获得的产品或服务的兴趣。这些信息的性质因不同业务类型而异，但是它却可以像发一封电子邮件一样简单，告诉用户所购买的产品是手工制作的或者服务是专门定制的。

- **庆祝成就和里程碑。**根据个人目标或里程碑的实现情况，放大人们可能已经感受到的积极情绪。例如，老板向服务满 10 年的员工家中送去鲜花或者香槟；理财顾问祝贺用户实现了储蓄目标；房地产经纪人给首次购房者送去一张装裱好的新居照片。
- **制定有助于消除恐惧的规定。**恐惧和担忧会引发强烈的负面情绪，从而对用户行为产生不利的影响。通过制定清晰的规定和解决办法来缓解用户的焦虑情绪。简单、免运费的退货政策就是这种策略的例子，无条件的用户满意度保证和慷慨的产品保修也是如此。
- **培养社群意识。**尽管当今科技发达，各种数字产品都声称能让人们保持“联系”，但人们还是很容易感到孤独和孤立。可以通过向你的用户表明他属于一个更大的社群，一群有着相似兴趣和爱好的人，来消除用户的孤独情绪。具体来说，可以采取用户组、在线用户社群、同行交流机会的形式，甚至可以是分享其他用户最佳实践的交流活动等形式。

真体验要领
FROM IMPRESSED TO OBSESSED

- 情感是一种强大的记忆线索。无论是积极的还是消极的，与情感有关的经历总比那些没有情感的经历更令人难忘。
- 强化积极情绪有助于在体验中创造情感共鸣。放大用户已经体验到的积极情绪，让它们成为互动中更突出的特征。
- 精准定位用户的负面情绪，并优化体验来减轻或消除其影响，可以将消极情绪转变为积极情绪。

第 12 章

法则 6：给予用户掌控感

我们的掌控感越强，就会越快乐

20 世纪 70 年代末，南加州大学心理学专业的学生理查德·米尔斯（Richard Mills）围绕由其他学者提出的“感知掌控”这一新兴概念进行了一项不同寻常的实验。**感知掌控是指，人们对周围环境的掌控程度越高，他们就会越快乐。**

米尔斯找到当地的美国红十字会献血中心，寻求他们的帮助。在研究中，对于其中一组献血者，红十字会的抽血医师请他们自己选择从哪只手臂抽血。另一组则没有这样的选择，护士只是建议从献血者的非惯用手臂抽血。

数据显示，与那些没有选择权的人相比，那些可以自己决定用哪只手臂进行抽血的献血者在献血过程中感到的不适明显减轻。没错，简单地让人们选择从哪只手臂上采血，就能在很大程度上影响他们对体验的感知。此外，还有更有趣的事情。

米尔斯用另一种实验性干预方法对另一组献血者进行了测试。对于这组献血者，医师没有让他们自主选择抽血的手臂，而是告知了他们有关抽血过程的一些相关信息，这是一段两分钟的录音，逐步描述了如何抽血及献血者可能经历的生理和心理的感受。与那些能够选择手臂的献血者一样，听取了献血过程的详细描述后，献血者的不适感比那些没有听到这些信息的献血者更轻。

米尔斯的研究确实增加了越来越多的证据资料，证明了当人们能够掌控他们在生活中的各个方面时，他们的身体和心理都会有更好的感觉。我们人类，说得不好听一点，就是控制狂。我们喜欢把“方向盘掌控在自己手上”，掌控我们的生活和周围所发生的一切。

问题是，在很多情况下，我们根本无法把方向盘掌控在自己手上，我们无法真正掌控发生在我们身上的事情。相反，我们必须将这种掌控权委托给另一方，例如，为我们抽血的护士，给我们修车的技术人员，管理我们投资的理财顾问。事实上，在现实世界中，我们无法掌控我们所经历的每一件事情，因为有时这些事情是由其他人根据他们所拥有的一些专业技能或知识来提供的。

用户体验的风险就在于，当我们将掌控权委托给另一方，即护士、维修技术人员、理财顾问或其他人士时，我们很可能会对这段经历感觉不舒服。从本质上讲，失去掌控为用户的不满埋下了种子。

值得庆幸的是，米尔斯的研究和随后的许多研究都找到了一种非常有效的替代方法，即让用户直接掌控体验，让他们有一种掌控感。这就是米尔斯研究中对献血者使用的方法。他们当然无法直接掌控这件事情，毕竟，他们是在让一个完全陌生的人用尖锐的针刺进他们的手臂并抽血。

实验中仅仅是让他们选择想要在哪只手臂上抽血，实际上就给了献血者对整个过程的一定掌控感。客观地说，选择用哪只手臂来抽血的这个小决定，并不能转化为献血者对抽血的掌控。无论是左臂还是右臂，都是一个陌生人拿着针来抽血。但从感知的角度来看，却有很大差异。这个小小的选择，即使只是献血过程中看似微不足道的一个细节，却能让献血者在献血过程中有一种更好的体验。

事实证明，不止有一种方法可以让人们觉得他们可以掌控体验。我们在献血者的手臂选择中看到的是一种方法，即帮助人们影响体验，使体验符合患者或用户的想法。

另一种同样有效的方法是，帮助人们影响他们自己的想法，让他们知道整个过程会经历什么，更简单地说，这是在做预期管理。这也是米尔斯对测试对象所做的，他们在进行抽血前详细地告知了献血者整个抽血过程的相关内容。通过提前分享这些信息，献血者有了一种掌控感，体验就更好，这是因为他们知道了将会发生什么。消除不确定性和模糊性在本质上是令人愉悦的，因为它使我们感到对自己的命运更有掌控感。

这种被称为“次级控制”的方法的惊人之处在于，它可以从根本上改善人们对体验的印象，即使真实的体验根本没有改变。我们将在下一个例子中看到，给予掌控感法则在这方面可以说是非常神奇的。

做好预期管理，排队也没那么痛苦

有些人一辈子都在研究关于排队方面的科学。虽然这是一个神秘的研究领域，但还是产生了一些引人入胜的见解，其中包括提供了掌控感法则的完美例证。

设想有两个人同时进入两列不同的队伍，我们称它们为 A 队和 B 队。这两列队伍以完全相同的速度向前移动，两个人在同一时刻到达各自队伍的最前端。然而，有一点却不同。排在 A 队的人一开始就被告知等候的时间大约是 5 分钟，而排在 B 队的人没有得到任何信息。

当两个人排到最前端时，分别被问到两个问题：你大概排了多长时间？你在排队过程中有什么感受？研究结果表明，排在 A 队的人倾向于认为他排队的时间比排在 B 队的人要短，且体验比排在 B 队的人要好，尽管他们的排队时间是完全相同的。唯一的差异是，排在 A 队的人事先被告知大约需要等待多长时间。就是这样的差异，让排队的人对实际体验的感觉有了很大的不同。

从排在 B 队的人的角度来思考这次体验。排队时，他并不知道任何相关信息，他沉浸在不确定的焦虑中，不知道要等多久。他觉得自己无法掌控自己的处境，所以这次体验不那么愉快。而排在 A 队的人的感受则截然不同。当他排队时，已经有了预期——大约需要 5 分钟。这让他对即将发生的事情有了更清晰的了解，他感觉能掌控周围发生的事情，这带来了更好的体验。事实上，提前告知不仅给排在 A 队的人一种掌控感，还给了他实际的掌控能力，因为如果他不想等待 5 分钟，那就可以离开队伍，改天再来。

在用户体验中，再怎么强调设定预期的作用都不为过。在排队的情境里，这意味着已知的等待比未知的等待感觉要好，意味着即使不缩短排队时间，排队的体验也可以变得更好，这一法则的作用相当神奇。

然而，这个法则还可以应用于大多数类型的体验中。**当你为用户设定预期时，无论是告知等待时间、产品特性还是流程如何展开，都可以减少他们的模糊性和不确定性。这有助于向用户传达一种掌控感，减轻他们的焦虑，让他们对你提供的体验感觉更好，即使体验实际上根本没有任何改变。**

给予用户掌控感的有效策略

华盛顿大学的研究生布赖恩·费里斯（Brian Ferris）曾在很多个深夜猜测

44 号公交车是否会到来。在西雅图公共交通系统中，44 路公交车是出了名的不靠谱，这引发了费里斯和许多同学的愤怒，他们经常发现自己在雨中等待的是一辆永远不会到来的公交车。当时在华盛顿大学学习计算机科学和工程的费里斯决定为此做点什么。

2008 年，他与工程学研究生卡里・沃特金斯（Kari Watkins）合作，为西雅图地区的公交乘客建立了一个实时跟踪系统。该系统被命名为"OneBusAway"，是一款动态 App，利用了西雅图金县（King Country）地铁部门用于内部交通管理的车辆跟踪技术。OneBusAway 在这些数据基础上建立了一个用户友好型界面，基本上能使公交乘客知道"我等的公交车目前在哪里"。乘客可以根据需要实时追踪他们想要乘坐的公交车的预计抵达时间，并在地图上定位跟踪。虽然这在今天听起来没什么了不起，但要知道，OneBusAway 的推出比商用打车服务的优步还要早两年。OneBusAway 大受欢迎，赢得了西雅图地区的众多技术奖项，并在美国多个城市拥有超过 10 万名用户。

然而，开发这款 App 只是费里斯和沃特金斯工作的一部分。两人还试图了解这款 App 是如何影响用户对西雅图公共交通体验的情况的。他们对公交车的乘客进行了调查，发现使用 OneBusAway 的乘客比不使用该 App 的乘客觉得等待的时间要短。此外，OneBusAway 用户对公交整体体验更满意，其中 92% 的人对公共交通系统的满意度有所提高。

OneBusAway 给了用户一种掌控感，但与我们在米尔斯的抽血研究中看到的方式略有不同。此 App 确实给这些公交乘客设定一个期待：他们可以打开 App，查看公交车的预计到达时间。此外，他们还可以通过地图或智能手机屏幕上显示的"预计到达时间"来监控公交车的行驶进度。

这些实时更新实际上是另一种给予用户掌控感的有效策略，那就是让他们随时了解最新动态。为人们设定期待是一回事，但如果他们正在经历的体验具有内在的可变性，例如，公共汽车可能会在途中延误，那么仅设置期待并不能消除他们脑海中的模糊性和焦虑。他们会一直想："公交车现在到哪儿了？”“它还会在预计的时间到达吗？”当用户在体验过程中不断得到最新情况时，他们会再次感到对周围发生的事情拥有更多的掌控感。实时信息赋予他们掌控感，从而使他们对体验感觉更好。

正如沃特金斯在华盛顿大学创新展览的采访中所说的那样，“信息对人们的影响是惊人的”。她的研究表明，公交用户对信息更新的渴望如此强烈，以至于他们“宁愿得到实时数据，也不愿公交车频次更多”。这是给予掌控感法则对用户体验产生近乎神奇影响的又一例证。这意味着企业可以在体验本身并没有发生任何变化的情况下提供更好的体验，例如，在公共交通的例子中，人们并不需要公交车频次更多。

这是改善用户体验的一种有效的技术，从亚马逊推出用户友好型工具来跟踪订单状态到达美乐比萨通过在线比萨跟踪器来跟踪订单从提交到交付的进度，很多公司都使用了这一技术来改善用户的感知，即使包裹和比萨的交付速度并没有加快。

这也是一种你可以使用的技术，特别是在用户体验方面，体验可能会持续一段时间，涉及许多步骤。让你的用户了解最新情况，无论是通过实时动态 App 还是老式的打电话方式。用户由此获得的掌控感对你的业务至关重要。

真体验实践

如何为用户创造掌控感

- **在你的业务中，察觉那些让用户感到失控的情境。**哪些情况下你的用户可能会进入体验状态（排队），然后在等待体验展开并最终结束（到达队首）时感到不确定，甚至焦虑？这些正是用户可能会感到失控的情况，本章中描述的技术可以用来改善这种体验。

- **设定预期。**始终为用户和员工设定明确的预期。不过，当惊喜元素是体验中的一个关键因素时，则不要提前给出预期，我们将在后文讨论这一点。我们要设定及时性预期，例如，清楚地阐明产品和服务交付窗口或项目完成日期。我们还可以设定流程预期，明确指引人们完成目标的步骤。通过提前让用户预览，为用户在体验过程中可能产生的身体或心理感受设定预期。

- **为用户设定具体的预期。**为了保证有效，设定的预期必须是具体的。例如，如果你告诉用户你“不久后”或“很快”联系他，那你其实什么都没做。这些话语对不同的人有不同的含义，可能不但没有消除歧义，反而会制造更多歧义。

- **在书面文字上设定预期时间。**无论是要求用户填写的表单，还是发送给他们的信息内容，都要提前礼貌地告诉他们完成这项任务大概需要多长时间。在表单的顶部填写大概需要的时间。在文章的顶部显示大概的阅读时间。虽然这些都是细微的改进，但是它们确实消除了用户生活中的不确定性（“这需要多长时间？”），并给予他们真正的掌控感，因为他们可以选择推迟做这件事，直到他们有充足的时间。

- **为用户提供选择。**如果人们有机会做出选择，他们就会觉得自己能够掌控的体验会更好，即使是在一些看起来无关紧要的小事上，比如从哪只手臂抽血。当然，不要给用户提供过多的选择，决策过于复杂反而会使用户感到疲惫。但是，一定要找机会让他们感觉自己正在对所处的环境施加影响，比如给他们一个有限的预约时间或产品配置的选择，允许他们以某种方式定制产品，或者提供解决问题的选项。关键是要让人们觉得他们没有被局限在一个单一的结果中。

- **在数据收集方面保持透明，给予用户掌控感。**很多公司致力于提供更个性化的用户体验，同时也在捕捉和使用用户的各种信息，如个人数据、位置、浏览和购买历史。当用户觉得他们无法掌控或监控这些数据的收集和使用时，他们的体验感就会降低，并破坏他们对企业的信任。在个人数据收集方面对用户保持透明，并让他们对采集的数据以及如何使用这些数据有掌控感。

- **提前告知，帮助用户为下一步做好准备。**通过清晰地解释从体验的一个部分到另一个部分的过渡，帮助人们理解即将发生的事情。如果他们采取的行动会引发其他事情，诸如修改账单、同事打来电话、价格变化等，及时告诉他们这些情况，这样他们就会有所预期，并完全了解事情将如何发展。注意，这也将有助于使体验更加轻松，因为如果没有这些关于即将发生的事情的信号，用户最终可能会向你寻求解释。

- **用直观的方式展示进度。**通过为用户提供可视化的程序步骤展示进度，帮助他们了解进度的状态。无论是网站上的交易进度条，还是印刷品上的新用户沟通步骤提示，可视化的多步骤体验可以使用户感觉更有掌控感，因为他们清楚地知道自己已经到了哪个阶段，还有哪些没有完成。

- **积极主动地让用户了解最新情况。**如果用户感觉被蒙在鼓里，这会增加他们的焦虑。设定预期只是成功的一半，在约定的时间内沟通更新状态也很重要。即使没有新的信息可以分享，也最好主动与用户联系，告诉他们事情还没有进展，而不是让他们以为会收到你的消息而在那里空等。

- **利用移动技术进行实时动态更新。**移动设备无处不在，这为用户提供了一个独特的平台，他们可以随时了解情况和掌控局面。短信、通知和支持 GPS 的 App，都是可以用来随时随地向用户传达实时动态更新的技术实例。

- **提供明确的联络方式。**影响用户掌控感的一个因素是，当他们有疑问或问题时不知道该联系谁。如果没有联络方式，他们可能会感到失落和无助，也会有无法掌控局面的感觉。永远不要为了减少用户的咨询量而隐藏联络方式，要在网站、账单和信函中突出显示这些信息。在一对一互动中，要清楚地告诉用户，如果他们需要进一步帮助，他们可以联系谁，以及如何联系。

- **在用户到来时跟他们打招呼和致意。**当顾客进入商店寻求帮助，却没有人注意到他们的到来，这就像他们进入了一个队列，却不知道要等多久。即使没有员工可以帮助他们，单是打招呼也有助于减少顾客的不确定性。它发出了一个信号：你好，我们知道你来了，知道你在等待，我们会尽快来帮助你。

真体验要领

FROM IMPRESSED TO OBSESSED

- 人们对周围环境的掌控程度越高，就会越快乐。赋予他们一种掌控感，让他们直接掌控体验。
- 赋予用户选择权，使其能影响体验的各部分，从而让体验契合他的个人意愿。
- 为用户设定明确的预期、实时更新信息，让用户时刻感知到控制权。

第13章

法则7：关注并维护用户的利益

20世纪90年代末，阿尔卡季·库尔曼（Arkadi Kuhlmann）创立了荷兰国际直销银行，这家银行后来一度成为美国最大的直销银行之一。成立之初，库尔曼向美国的百万富翁们发出了一个令人惊讶的信息：我们并不想要你们的钱。这家银行没有最低存款限额的规定，却有最高存款限额的规定，即不允许开设超过100万美元的账户。

在荷兰国际直销银行成立之初，它是巨人中的大卫，是一个由少数几家大型金融机构主导的传统行业中的新贵。结合荷兰国际直销银行在积累资产和发展业务方面所面临的挑战，库尔曼为什么要不遗余力地制定禁止富人进行大额存款的政策？显然，富人发现该银行的高利率很有吸引力。

答案就是，库尔曼希望创建一家与众不同的真正专注于用户利益最大化的银行，一家将维护用户利益置于战略中心的银行。在一个几乎所有企业都宣称自己以用户为中心且把用户放在第一位的世界里，这听起来可能非常老套。

在这方面，空谈是没用的。有效地使用户体验差异化的企业不是通过高谈阔论，而是通过切实的行动证明它的成功。对于荷兰国际直销银行来说，这一切都始于库尔曼的坚定信念，即美国人需要成为储蓄者。他在 2009 年的一次采访中指出："美国人的消费太多了……信用卡已经成为消费主义的麻醉剂。"他决心"为消费者建立一家更好的银行"，以鼓励美国人增加储蓄。

他成功了。在不到 10 年的时间里，荷兰国际直销银行这枝新秀成为美国最大的直销储蓄银行，拥有超过 900 亿美元的资产。由于采取了方便用户的做法，该银行很快就获得了成功。库尔曼不仅维护用户的利益，而且倡导储蓄的理念。与其他银行不同的是，在这里开户并没有最低限额的要求。如果祖父母想为他们的孙辈们开设一个储蓄账户，存入哪怕一美元都可以。此外，这里也没有其他机构常见的会阻碍用户储蓄增长而收取的费用和服务费。

由于实体分支机构通常会占银行运营预算费用的一半，因此荷兰国际直销银行仅在线上开设分支机构，这一项措施就节省下了一大笔开销。库尔曼并没有将这些节省下来的费用收入囊中，而是以提高利率的形式返还给消费者。

那么为什么要设定 100 万美元的存款上限？因为库尔曼认为，如果一个人有 100 万美元要存，那么这个人所需要的服务可能会比荷兰国际直销银行设计并提供的银行服务更为复杂。因此，该银行拒绝可能存在丰厚利润的业务，也是基于对消费者最有利角度做出的判断。

荷兰国际直销银行的抵押贷款业务也处处关注并维护用户的利益。库尔曼不打算向任何人提供他们负担不起的抵押贷款。用户需要支付适当的首付款，不能以 100% 的贷款比例进行抵押贷款。这种做法与其他银行形成了鲜明的对比，因为其他银行已经从抵押贷款业务中赚取了数十亿美元的收入。甚至联邦政府的抵押贷款标准也比荷兰国际直销银行的更为宽松。

然而，库尔曼立场坚定，忠于该银行创立之初的原则。他拒绝了其他金融机构的暴利行为，并自豪地宣称："你能做到并不意味着你应该这样做。"在这方面，库尔曼是有先见之明的，因为其他银行所采取的宽松贷款标准最终助长了引发经济大衰退的房地产泡沫。

荷兰国际直销银行以用户为中心的业务方式之所以脱颖而出，是因为市场上存在着一个简单的事实：大多数人并不相信企业的行为是以用户利益最大化原则为出发点的。因此，当一家企业确实表现出为用户着想时，它就创造了人们记忆中的体验高峰。此外，这是一个突出的高峰，因为它充满了情感，充满了惊喜、喜悦，以及知道有人在支持你的信心。

库尔曼和他的团队深知为用户着想的力量。该银行不向用户收取服务费，并且对账户存款金额设置上限的做法，是否影响了银行赚取额外的潜在收入？也许会，但这只会是短期的。库尔曼相信，从长远来看，如果能把顾客变成狂热的粉丝，银行业务会更健康，增长也会更快。

荷兰国际直销银行的净推荐值（Net Promotet Score，NPS）[①] 比金融服务公司的平均水平高出 3 倍。有 41% 的用户是通过口碑而选择荷兰国际直销银行的。该银行 18% 的用户实际上是其他银行的员工！该银行的存款以 38% 的年复合增长率增长，远远超过 7% 的行业平均水平。该行从开业第二年之后一直保持盈利。

这就是维护用户利益的力量，正如我们将在后面章节所看到的那样，有许多方法都可以在你的业务中贯彻类似的理念。

把用户利益置于自己之上

从根本上来讲，维护用户的利益意味着将他们的利益置于自己的利益之

① 亦称口碑，一种普遍使用的衡量用户体验质量的指标。——编者注

上。当然，这并不是一个绝对的规范。如果是这样的话，企业就应该免费提供产品和服务，把自己的经济利益置于用户的经济利益之下了。不过，这里还存在一个中间地带，就是企业在不从事暴利行为（例如，酒店房间内的一瓶水定价 10 美元，而正常的价格则是 2 美元）的情况下赚取合理的利润。还有一种更高的境界，即企业从运营和财务角度都非常明确地维护用户利益，建立用户强烈的长期忠诚度，从而将业务推向新的高度。

西南航空公司就是这方面的成功典范。一开始它只是位于得克萨斯州的一家不起眼的航空公司，后来却发展成为美国最大甚至可以说最成功的航空公司，在竞争激烈的行业中连续 47 年保持盈利。

西南航空公司维护用户利益的故事与荷兰国际直销银行如出一辙，这种维护不仅仅是为了用户，更是为了一种理想。阿尔卡季・库尔曼致力于让人们成为更好的储蓄者，而西南航空公司的联合创始人赫布・凯莱赫（Herb Kelleher）则致力于“让飞行平民化”。凯莱赫想要建立一家为美国普通人服务的航空公司，让普通人也能乘坐飞机出行，让飞机不再成为商务人士和富人的专享。整个西南航空公司的运营模式都以创造积极的乘客体验为导向，并提供极具竞争力的机票价格。

这一策略的最大考验发生在 2007—2009 年的经济大衰退时期。由于燃油价格上涨，航空公司难以盈利，美国航空公司率先向旅客收取行李托运费。其他主要航空公司也纷纷效仿，这引起了许多旅客的不满，也彻底改变了航空业的运营惯例。

然而，西南航空公司采取了不同的策略。首席执行官加里・凯利（Gary Kelley）坚持赫布・凯莱赫创立西南航空的最初原则，那就是提供轻松、实惠、简单的航空旅行体验。凯利宣布，行李将继续免费托运。西南航空公司没有通过对行李加收托运费来赚快钱（这一项服务的盈利大概有数十亿美元），而是坚持了一种消费者普遍认可的更友好的做法。据该航空公司估计，它的市场份额每年平均增加 10 亿美元，其中一部分原因就是乘客希望避开收取行李托运费的航空公司。

西南航空公司不收取行李费，是它称之为“透明”理念的又一体现，他们是这样阐述“透明”理念的：对用户公开和坦诚，并以低廉的票价公平对待每一个用户。由于没有隐藏费用，所以实际上，该公司的票价一直保持在一个较低的水平。

2020 年的疫情冲击了旅游业，这种维护乘客利益理念的优点再次得到了充分体现。尽管面临着巨大的经济压力，西南航空公司还是在航班上封锁了所有的中间座位，自愿减少飞机的载客量，以保证社交距离。这一政策一直持续到 2020 年年底。

相比之下，在航空公司用户体验排名榜上常年落后的联合航空公司，在疫情暴发期间从未正式限制过航班的载客量。而另一家在用户体验方面落后的美国航空公司在疫情暴发后的几个月内就将其航班座位全部开放。这两家航空公司都表示，如果航班客满，将重新为乘客安排航班，但这显然给乘客带来了更多的麻烦和不便，正如我们在第 9 章中所了解到的那样，这样并不能带来真体验。

所有这些维护用户利益案例的共同点是，短期来看，它们给西南航空公司带来了经济损失，却非常切实地展示了该航空公司是把用户放在第一位的。正因为如此，这些措施才引起了乘客的强烈共鸣。

年复一年，随着航空业的发展和市场的变化，西南航空公司一直专注于用户体验：经济、透明，以及在疫情期间关注乘客的健康和卫生。它始终如一地关注用户的利益，即使采取其他的方式相对会更容易、更方便。

西南航空公司关注并维护用户利益的行为有目共睹，于是用户纷纷涌向这家航空公司。正是这种以用户体验为导向的理念，推动了西南航空公司从一个小规模的新兴公司发展成为全美国最大、盈利最稳定的航空公司。

接下来的一系列航空业事件中，西南航空公司以出人意料的方法为我们提供了一个维护用户利益的案例。

21 世纪初，美国航空工业发生了多起备受瞩目的事件，比如商用飞机因恶劣的天气在停机坪上停留了长达 10 个小时，民众要求联邦政府介入并强制实施航空公司“乘客权利法案”的呼声越来越高。支持者认为，这样的举措将保护乘客免受因飞机延误而遭受的种种不便，诸如闷热的机舱、恶臭的厕所、缺乏食物和无法下飞机等。

然而，西南航空公司强烈反对政府起草“乘客权利法案”。你可能很惊讶。毕竟，我刚刚花了几页让你相信西南航空公司是这个星球上最以用户为中心的航空公司之一。那么，他们为什么要违背显然符合消费者最大利益的法案呢？

答案是，他们已经非常明白如何真正维护用户利益。正如西南航空公司总裁科伦·巴雷特（Colleen Barrett）当时向美国国家公共广播电台（NPR）所解释的那样，如果航空公司不懂得如何优化运营和提供良好的服务，必然会为此付出代价——不是来自联邦政府的处罚，而是沮丧的乘客用钱包投票而给它们带来的业务损失。

与其他航空公司不同，西南航空公司将航班调度视作一项运营和用户服务的双重工作。航空公司通常为其航行调度中心配备数十名调度人员，调度员负责监控飞机从起飞到降落的整个过程，关注天气和其他可能需要调度或重新安排航班的问题。然而，在西南航空公司的调度中心，有来自各个部门的代表，一起保证将飞机安全准时地从 A 点送到 B 点。这里有维修人员、地面操作人员、气象学家，主要还有用户利益维护者。用户利益维护者的任务是保证如果事情没有按计划进行，乘客的利益不会被遗忘。西南航空通过将所有这些专家集中在一个团队里，尽可能地避免问题的发生，并减轻那些无法避免的问题对乘客所造成的影响。

此外，当出现问题时，西南航空公司不会像其他航空公司那样等待乘客飞行结束后才与他们联系，向他们发放旅行代金券。相反，当航班未能按计划飞行时，西南航空公司的用户利益维护小组会主动给每位受影响的乘客写一封道歉信，解释一下发生的问题和原因，并附上一张旅行代金券以表诚意。乘客受到的影响越大，代金券的金额就越大。巴雷特解释说，他们的目的是“在用户联系我们之前，先找到那些受到严重的非正常操作影响的用户”。如果说有什么比在用户与你联系时为他们维权更好的话，那就是在他们与你联系之前就为他们维权。

事实上，也许最高形式的维权就是由企业代表用户发起的，是通过企业自身的意愿，而不是响应特定的用户请求、政府授权或强制性的立法。在理念层面，西南航空公司始终理解这一点，并积极主动地进行管理。他们理所当然地认为政府的介入是企业失败的象征。

如果联邦调查局或任何第三方介入，规定一家公司应该如何对待其用户，这是一个很好的迹象，表明有些地方出现了问题。但不要等待用户和其他利益相关者向你施压，让你做正确的事情。要自行做出选择，并将其纳入你的战略，因为必须由外部强制维护用户利益根本就不是真正的维护用户利益。

在战术上积极主动

像西南航空公司这样的企业可能会因为他们维护用户利益的理念而受到别人的钦佩，但对用户来说，当用户真正享受到利益时，体验才会出现令人难忘的高峰。正是这些战术上的表现产生了重大影响。

为了详细说明此法则，让我们以开市客为例，这是另一家在用户体验中享有传奇地位的公司。开市客经常在与顾客的互动中维护其利益，下面讲一个故事，我父亲曾在一个夏日意外地收到一封来自开市客的信件，他才开始对此深信不疑。

原来在两个月前，我父亲去当地的开市客为他的喷墨打印机购买墨水。当他到达那里时，发现墨水有促销活动：购买两盒墨水，就可以获得价值 20 美元的立减券。于是他买了两盒，获得了优惠，然后就走了。在开市客已经很有竞争力的价格基础上，还能获得额外的优惠，单凭这一点，就已经是一种非常积极的用户体验了，但开市客知道如何给人留下深刻印象，所以对他们来说，用户体验并不止这些。

接着，我父亲就收到了那封信。打开后，他发现了一张 10 美元的开市客现金卡，上面还写着：

> 我们的记录显示，您在 7 月 12 日或 7 月 13 日购买了惠普打印机墨水。如果您买了两盒墨水，就可以享受 20 美元的立减优惠。我们已经与供应商达成了一个更好的交易价格，现在优惠金额已经提高到了 30 美元。我们随信附上 10 美元的开市客现金卡一张。感谢您持续成为我们的会员。

听了这个故事后，你一定会想：我还有什么理由去其他地方购物呢？

开市客本可以保持沉默，把额外的 10 美元装进自己的口袋，反正消费者也不会知道。然而，该企业积极主动地联系用户，维护用户利益，且令人信服，实际上是用行动宣布“我们达成了更好的交易价格，你也会获得更优惠的价格”。这是一封强有力的、形成峰值的信件。

这种积极主动的做法贯穿于该公司的商业实践，另一项深受会员欢迎的召回机制也证明了这一点。如果你是开市客的会员，你购买的产品需要被召回时，无论是户外用的烧烤架还是一盒鸡蛋，开市客都会立即给你发电子邮件来告诉你这个消息。在一个几乎每天都有因食源性疾病或产品安全问题需要召回商品的时代，这是一项很受欢迎的服务。此外，这一点与激发情感共鸣法则相关，因为召回机制可能会为许多开市客会员带来情绪上的平静。

有多少零售商真正关心他们的顾客，会在顾客购买价值 2 美元的生菜需要被召回时直接联系他们？真的不多，这也是开市客有这么多狂热粉丝（我父亲就是其中一个）的原因之一。积极主动地与顾客互动，无论是为了确保他们满意，还是只是为了提供额外的价值，都会给顾客留下一个非常积极的印象，让他们久久难忘。

不要“指路”，永远“护送”

假设你去世界上任何一家丽思卡尔顿酒店，向员工询问去酒店最近的浴室、水疗中心、餐厅、礼宾服务台等地方时，接下来你将体验到的可能与在其他任何地方遇到的典型方式截然不同。丽思卡尔顿酒店的工作人员不仅会告诉你你想去的目的地在哪里，还会亲自带你过去。

这个简单的行为，就像所有传奇公司的用户体验一样，是经过精心设计的。每一位酒店的员工都接受过培训，当客人向他们问路时，他们都要这样做。为什么会这样？因为这是一种维护用户利益的表现。

无论是在豪华酒店还是在当地的超市，当你向员工寻求帮助时，在那一刻，工作人员都可以选择“指路”或“护送”。想象一下，你正在超市里寻找洋蓟心，但你找不到。你看到一个店员正在往附近的货架上放东西，就上前问他：“你好，请问你能告诉我洋蓟心在哪里吗？”店员站起来，微笑地看着你的眼睛，然后用手指给你指路：“洋蓟心就在 3 号过道那边。”当然，如今超市的过道很长，所以你很有可能在 3 号过道也找不到洋蓟心。你需要花更多的时间和精力找到另一位店员，让他告诉你洋蓟心在 3 号过道的什么位置。这绝不是一次愉快的体验。

与之形成鲜明对比的是，店员站起来，微笑地看着你的眼睛，说："洋蓟心就在3号过道那边。跟我来，我带你过去。"然后他做个手势让你跟着他走，把你带到3号过道放洋蓟心的货架边。

顾客对这两种体验的感受截然不同，原因就是，当店员"护送"时，他基本上对顾客的需求全权负责，并可随时协助。他的行为表明，当你找到他时，无论他在干什么，都不如确保你迅速有效地得到你需要的东西重要。

为了明确"指路"和"护送"之间的区别，请思考一下它们各自传递的隐含信息。就"指路"而言，员工向用户传递的隐含信息基本上是："你有问题吗？你的问题不是我的问题。你在找洋蓟心？它就放在3号过道。希望你能找到……"

与之形成对比的是，"护送"传递的信息则更积极、更有吸引力："你有问题吗？你的问题现在就是我的问题，在问题解决之前我不会去做别的事。你在找洋蓟心？跟我来吧，我们现在就去找它！"

"指路"与"护送"的概念可以应用于大多数商业环境，而不仅仅是在超市里寻找东西。为了理解为什么这个概念具有普遍的相关性，我们需要回顾一下前面提到的内容。

前文我们谈到了开发新的技术减少用户的努力，节省用户的时间。然而，维护用户利益与此有点不同，它是向你的用户赠送你的时间。这是要把用户的事情排在你正在做的事情的前面。花时间护送用户到目的地，即使没有人要求你这样做。

因此，用"护送"代替"指路"是一种主动负责的行为。这两个特征在任何业务互动中都可以表现出来。虽然这些品质技术含量不高，其影响力却非常大，可以将维护用户利益融入体验当中，从而使自己脱颖而出。

真体验实践

如何关注并维护用户的利益

- **把用户的利益放在自己的利益之上。**当用户看到有人在维护他们的利益，站在他们的角度支持他们时，他们会非常高兴。关键是要通过切实的实践来证明这种主张，而不是靠企业的年度报告或华而不实的营销宣传。想办法做到这一点，对用户的问题采取完全负责的态度，在用户提出要求之前积极主动地解决用户的需求。

- **表明立场。**你可以通过与用户产生共鸣的事业来向用户灌输你的理念。人们喜欢参与比自己更重要的事情。通过倡导你的目标用户所相信的一个理念、概念或商业实践，比如西南航空公司的"让飞行平民化"，或者户外服装制造商巴塔哥尼亚（Patagonia）对环境的承诺，你就可以赢得与用户互动的机会和他们的业务。

- **长期坚定不移地奋斗。**想想在你的行业里，所有让用户感到烦恼的事情，所有常见的烦恼和挫折。消除这些问题，或至少缓解这些负面情绪的企业才被视为用户利益的维护者。假设你的业务就是围绕着将用户从这些烦恼和挫折中解救出来，你必须做好长期奋斗的准备。记住，这必须是一次真正的行动，而不仅仅是口头上的。做好运营工作，消除那些不满意的因素，相应地你就会向用户展示出你真的在为他们着想。

- **维护的核心是提供卓越的服务。**这不仅适用于用户，也同样适用于员工。事实上，罗伯特·格林里夫（Robert Greenleaf）在 1971 年的一篇文章中创造的仆人式领导的理念，就是基于组织领导者对员工的服务：为你的员工说话，赋予他们权力，消除妨碍他们努力工作的组织障碍，帮助每个人充分发挥他们的潜力。这就是在工作场所的维护，当领导者不断地展示这一点时，它就会以无与伦比的方式激励员工。

- **像对待新用户一样对待老用户。**当一个新用户享受的待遇比老用户更好的时候，往往会让老用户非常恼火。这种对老用户和新用户的区别对待，可能会削弱用户对企业的所有好感。确保你的业务实践不会被用户认为是“喜新厌旧”。

- **积极主动地让用户了解最新情况。**这个建议是在第 12 章中提出的，用来作为一种给予用户掌控感的方法。不过，这也有助于证明你在维护用户的利益，因为仅仅从让用户了解最新情况（例如，状态更新）就表明你正在关注他们的最大利益。让用户知道下次你通知他们状态更新的时间，然后使用你所拥有的所有“提醒”工具来确保你履行承诺，无论是复杂的用户关系管理系统，还是在你的电子邮件或日历上设置简单的“任务提醒”。

- **使用以解决问题为导向的语言与用户沟通。**与其告诉用户你不能做什么，不如告诉他们你能做什么。当用户出于某种原因不满意并寻求解决问题的方法时，这一点尤其重要。与其指出政策、程序或系统限制来解释为什么你不能做某事，不如采取一种以解决问题为导向的态度，使用诸如“让我看看我们能做些什么来帮助您”之类的话语。这句话本身并不能让顾客成为狂热的粉丝，但通过暗示你很维护他，就有助于缓解困难。

- **对用户即将到期或未使用的福利进行提醒。**许多公司沉迷于“破损收入”。“破损收入”是指用户没有使用他们购买或商家赠送的产品或服务而使企业赚到的钱，比如你花钱办了健身房会员卡，但没有去使用；你收到了礼品卡或优惠券没有使用但已过期，制造商的返利期限已过。“破损收入”的利用与维护用户利益的理念相违背。为了用户的长期忠诚，请拒绝短期的“破损收入”。与其利用用户的健忘或懒惰，不如对他们即将到期或未使用的优惠进行提醒。尽你所能地确保用户得到他们应享有的优惠。

- **保持透明和坦诚。**从用户的最大利益出发意味着提供有利于他们做出明智决策所需的信息。不幸的是，许多企业的做法却恰恰相反。它们把附加费用、退货费用、保修限制和利益冲突等细节隐藏在精美印刷品的小字里面，这种不坦诚的做法并未维护用户利益。只有透明公开才能赢得用户的信任。

- **促进“一站式完成”的服务模式。**设计工作岗位和工作场所的工具，使员工不仅有能力完全自主处理用户的要求，而且还鼓励他们这样做。服务项目的交接和跨部门转移是导致用户体验差的原因，因为这降低了责任要求并削弱了对用户服务的支持。努力达到这样一种程度：在回应用户任何合理的询问时，每位员工都应自信地回答“是的，我可以帮您解决”。

- **署上你的名字。**如果你正在与用户合作，并且真的打算承担起帮助他们的责任，那么就用你的签名来表明这一点。无论是在书面信函、电子邮件还是在推特上的直接消息中，署上你的名字，这样用户就可以清楚地看到这是一个真实的人，而不是公司某个匿名部门，在为他们的权益负责。

- **提供个人的直接联络方式。**如果你给用户一个公用的免费联系电话或公司的电子邮件地址作为联络方式，你对用户的负责就会显得很空洞。因为这与负责和支持是相对立的。提供你的直接联络方式，这样用户就会有一种掌控感，如果他们需要联系你来跟进项目或服务，他们就能很直接地找到你。

- **采用魔术贴式的用户服务方式。**这是放大维护用户利益责任所应该有的样子：设想你每天穿着魔术贴西装去上班。如果每一个用户的要求或询问都像一个扔向你的绒球，那么球打到你的衣服上会怎么样？它会像胶水一样粘在一起。在实践中，这意味着你要对每一个用户的要求承担特殊的全权责任。如果你必须将用户的问题分给同事寻求帮助，你也要始终保持跟踪，与同事一起跟进，以确保请求得到正确的处理。

- **将责任落实到团队层面，而不是个人层面。**有时，让一个人全权负责处理用户的请求是不可行的。究其原因，可能是出于职责分离的考量，或许是为了防范财务欺诈。然而，更常见的制约因素是知识和技术。对于个人来说，拥有支持“一站式完成”互动的专业知识和能力可能是不现实的。不过我们可以选择由具有互补专业知识的员工组成的紧密团结的跨职能团队。那么，至少团队就可以为用户咨询提供端到端的服务，并以此方式来贯彻维护用户利益的理念。

- **始终使用“热转”而不是“冷转”。**在电话（或电子邮件）转接实践中，经常可以遇到“指路”与“护送”的经典案例。如果用户被错误地介绍给了你，或者必须转接给同事以获得额外的帮助，请不惜一切代价避免“冷转”。这时你也许会将用户转接到另一个分机并立即挂断自己的电话，或者只是给他们寻求帮助所需的电话号码。这就是“指路”的方式，它代表着完全缺乏维护用户利益的意识；此外，对于那些似乎总是被转接到错误部门的用户来说，这是非常令人恼火的。相反，在这种情况下，请使用“护送”的方式。告诉用户“虽然我不能帮您解决这个问题，但我知道谁可以。我会先和他们通个话，然后说明一下您需要什么，这样您就不用重复说明了，然后我就会把您的问题转给有能力解决的人”。如果你想在这种情况下给用户留下深刻的印象，这就是方法——以护送式转接，维护用户利益。

- **积极主动分享相关信息。**让用户知道，你在关注着他们的最大利益，在他们最意想不到的时候与他们沟通。例如，如果你能够监控用户对产品的使用情况，并知道他们何时需要订购更多的产品，那么可以采取“补货提醒”的形式。对于机器、设备和技术，可以采取主动诊断提醒的形式，在潜在问题需要注意时向用户提供建议。这一概念也适用于服务行业，例如汽车保险公司会提醒用户，他们的二手汽车即将被制造商召回。

- **在用户进店时问候并致意。**之前提到过，这种技术是一种给予掌控感的方法，但它也有助于培养维护用户利益的意识。如果顾客走进一家实体店，没有人与他们进行眼神交流，也没有人友好地和他们打招呼，这意味着没有人关心他们和他们的业务。一个简单主动的问候会给人相反的印象，它表明：是的，我看到您在这里，我关心您，我希望赢得您的业务。

- **必要时将用户引向竞争对手。**这听起来可能是最愚蠢的建议，但在特定情况下，这样做确实有很多好处。非常成功的零售商美捷步的前 CEO 谢家华（Tony Hsieh）就指示他的员工，如果美捷步没有顾客想要的鞋子，就帮助用户在竞争对手那里找到。谢家华知道，这是一次非常有力的宣传，它最终将有助于加强用户对美捷步的忠诚度，即使该公司错过了当前的这一笔交易。如果你真的不能帮助用户，如果你的公司提供的任何东西都不能真正满足用户的需求，那么就考虑将他们引向竞争对手。这可能会让人感觉很反常，但在用户眼中，这将是一个引人注目的姿态，并将吸引他们再次光临。

- 维护用户利益是行动，而非空谈。只是在营销和广告中宣扬以用户为中心并不能解决问题，要在整个用户体验中做出切实的行为，清楚地表现这一主张。
- 不要等到用户和利益相关者向你施压再行动，主动做出正确选择并将其融入战略，是实现用户差异化的关键。
- 积极主动地联系用户与其沟通，让用户真正感受到自己被关注。

第 14 章

法则 8：创造与用户需求的相关性

“3 点钟的游行是什么时候？”

从以往的情况来看，这一直是佛罗里达州奥兰多（Orland）迪士尼魔法王国主题乐园“演员”们最常被问到的问题之一。迪士尼的游客到底为什么要问这样一个问题呢？其实，他们想问的并不是这个问题——即使游客没有明说，他们真正想知道的是：3 点的游行什么时候会来到我这里？我站在哪里会比较合适？

迪士尼乐园的员工都接受过专门培训，他们知道如何回答这样或类似的问题。他们所接受的培训是，在回答问题的时候要超越顾客所问，思考顾客所问问题的真正含义。这其实是一项识别相关性的练习，即员工需要确定长远来看或是某个特定时刻哪些信息、服务或支持才是对用户最重要的。

显而易见，**相关性是真体验的重要基石**。毕竟，如果你提供的体验与你的用户几乎没有什么关联，那么他们就不会从中获得太多价值，也就不会增强他们的黏性。

以开市客为例，上一章重点介绍了这家超市对用户利益的维护。想象一下，如果开市客投资数百万美元来美化它的仓库式的店面、升级地板、改进产品货架，或为设施增添一些光泽，那将是一种浪费钱的行为，因为这些装饰与开市客的消费者没有什么关系。顾客知道他们要在仓库里购物，知道这里的购物环境不用被美化，他们对仓库的现状很满意，吸引他们进入商店的原因并不是环境。相反，这里是平价的大众卖场。他们有机会在堆满货架的过道里闲逛，发现其他地方找不到的新奇商品。这些才是与开市客的顾客相关的东西，于是该公司也据此来设计用户体验。

相关性会产生共鸣。从完美满足用户需求的产品，到可以通过位置搜索软件找到附近门店的比萨店，这些都能向用户表明你能敏锐地了解他们无法用语言表达出来的需求、想法和愿望。

此外，相关性也会被记住。当我们遇到与我们明显相关的事情时，它会产生一定程度的显著性，有助于巩固我们的记忆。正如我们在前几章中所了解到的，情感是一种强大的记忆线索，是用户体验差异化的一个重要因素。

经济大衰退下市场份额快速增长的秘密

在经济大衰退最严重的时候，美国所有汽车制造商的销量都直线下降，但现代汽车的市场份额却惊人地增长了 40%，该公司的品牌知名度在北美达到了前所未有的高度。现代汽车正是通过对用户体验进行细微的调整，极大地增强了品牌与目标市场之间的相关性，实现了一个非凡成就。

2008 年末，美国汽车行业陷入一片混乱。由于经济下滑，失业率飙升，消费者信心暴跌，汽车制造业第四季度的销量下降了将近 35%。现代汽车的销量下降幅度甚至超过了行业平均水平。对现代汽车和其他所有汽车制造商来说，更令人担忧的是，在经济低迷时期，汽车行业长期依赖的融资优惠、返点和其他激励购买的措施，在当时并不能吸引人们走进展厅。

随着市场动荡的加剧，现代汽车决定直接与买家对话。该公司与消费者进行了一系列深入讨论，试图弄清楚如何才能说服人们再次买车。他们的发现从根本上改变了现代汽车的市场战略。

现代汽车的高管逐渐意识到，即使在金融危机最严重的时候，许多消费者仍然对买车感兴趣，而且仍然有钱买车。人们之所以远离经销商的展示厅，是因为他们担心，即使他们当下有钱买新车，也有可能会在买车不久之后被解雇，那他们就无法偿还汽车贷款。毕竟，在当时的美国，每个月都有成千上万的人失业。

回想起来，这种想法似乎是非常明显的，但就像许多改变游戏规则的商业发现一样，当时消费者行为背后的驱动因素并不明显。现代汽车的一位高管说，这就像“房间里的大象”一样，尽管消费者对此耿耿于怀，但企业并不想谈论。

在对购车者心态有了新的认识之后，现代汽车改变了策略，开始考虑用非传统的方式来遏制甚至扭转销量下滑的趋势。该公司没有再专注于激励销售，而是专注于减轻人们的恐惧。他们试图找到消除或至少减轻消费者担忧的方法，因为这是当时与消费者最相关的事情。

他们在 2009 年 1 月推出了一项全新服务，即“现代汽车失业回购保障计划”。这是一种非传统的担保方式，现代汽车对消费者传递的信息是：如果你购买了一辆现代汽车，在一年内无论出于何种原因你被解雇了，只要把车开回来，在车辆完好的情况下，我们将免除这辆车所有未支付的款项。

他们对用户体验的这一调整改变了游戏规则。消费者不再担心失业对购车的影响，纷纷涌向现代汽车经销商。在失业回购保障推出的第一个月，现代汽车的销量就同比增长了 14%，而同期整个美国汽车市场的销量却下降了 37%。

2011 年，当美国经济重新恢复时，现代汽车终止了这项保障计划。但那时，现代汽车在美国的市场份额已经增加了两个百分点以上，汽车销量增长了 60% 以上。

有趣的是，直到该计划结束时，仅有 350 辆汽车被归还，这一统计数据展示了该计划对汽车制造商的品牌知名度和商业成功的影响。尽管该计划非常受欢迎，但在该计划下退还的汽车很少。这一事实表明，消费者感知到的失业风险和由此对个人购车能力的影响远远大于失业的实际风险。这实际上表明了，在这一时期，与消费者最相关的是情感需求，而不是理性需求。购车者寻求的是内心的平静，而不是高额返点或融资优惠。

现代汽车之所以能够理解这一点，是因为他们花时间重新审视了与目标用户相关的内容。通过将自己沉浸在用户的视角中，现代公司设计出了一种新的用户体验，解决了尚不明显的消费者需求。这有助于加强现代汽车在市场上的相关性，在严峻的经济形势下，为现代汽车实现非凡的增长铺平了道路。

我的用户真正关心的是什么？

有时候，为了追求相关性，我们需要不断改进用户体验，在用户最需要的时候满足他们。这可能意味着需要拓展相关业务或分销渠道（相邻业务），你不应对这些举措掉以轻心。①

这种相关性的方法需要企业进行一些深刻的自我反省。这是一个关于“我

① 这也说明了 12 条法则是如何相互融合在一起以影响用户体验的，在本例中体现为“激发情感共鸣”和“创造与用户需求的相关性”。我们将在后文进一步了解这些法则如何相互扩大影响并共同创造差异化的用户体验。

的用户真正关心的是什么”的棘手问题，如果答案指向了公司当前产品或服务之外的因素，那么这可能就是一个值得深思的问题。

2012 年，休伯特 · 乔利（Hubert Joly）被聘为电子产品零售商百思买的 CEO 时不得不直面这个问题。这是一项必须扭转颓势的任务。乔利上任之初，这家零售商的利润已缩水了 90%，面对亚马逊的强大竞争，百思买能否继续生存下去，还远未确定。

人们普遍认为，乔利不仅拯救了百思买，还使其成为亚马逊的强大竞争对手。就连亚马逊 CEO 杰夫 · 贝佐斯也称赞乔利，称他在这家零售商取得的成就令人瞩目。在乔利任职期间，百思买的销售额连续 5 年保持增长势头，净推荐值大幅提高，并且业绩比标普 500 指数的 3 倍还要多。

乔利的转型计划是多方面的，但其中最主要的是重新思考百思买如何扩大其与用户的相关性。在这个时代，能在百思买购买到的东西几乎都可以在亚马逊轻松购买。这让我们对于如何在市场中保持相关性有了一些重要的见解。

例如，乔利和他的团队很早就意识到，人们在购买价格昂贵的科技产品前喜欢亲自看一下实物，比如大屏幕电视和智能手机。因此，他们改变了“展厅现象”，这是所有零售商的痛处，因为消费者总是先到商店看产品，然后从亚马逊官网购买。百思买采用了所谓的“展厅模式”，为消费者提供一个可以触摸、感受和试用技术的地方，并且由训练有素的员工提供指导。“展厅模式”甚至导致百思买租用空间开设“店中店”，让微软、苹果、三星、亚马逊和谷歌等公司在那里展示他们的产品。

百思买充分利用了与用户相关的另一点需求，即在同一屋檐下对竞争产品进行实际比较，将自己定位为科技产品零售商中的瑞士，即将“展厅”作为一个中立的场所，在这里，消费者可以亲眼看到互为竞争对手的产品，并获得专家的建议进而做出购买决策，例如亚马逊的触屏电子设备（Echo）和谷歌的智能温控器（Nest）。

在乔利任职的后期，他对“用户真正关心的是什么”有了另一个见解，这得到了百思买市场研究的证实：消费者最大的技术需求集中在技术解决方案的配置和集成上。

“技术能做什么与我们理解的技术的能力之间的差距越来越大，这可能会让我们感到不知所措。”乔利在接受《时代》杂志采访时这样解释。2002年，百思买收购了提供技术支持、安装和维修服务的供应商奇客小分队（Geek Squad）。对于那些不仅想买家庭影院系统，还想让人帮他们安装的用户来说，在百思买这里可以找到解决方案。

但乔利的步子迈得更大，他意识到消费者有时甚至不知道他们已经拥有的技术还能做哪些更多的事情，更不用说新技术如何帮助解决日常生活中的烦恼了。百思买因此推出了家庭电子消费顾问的服务，它有点像“极端的奇客小分队”。

这项服务的顾问都是见多识广的专家，他们每次上门服务，都会帮助用户发掘他们已经拥有的产品的技术潜力，或者探索他们甚至都不知道该提出何种问题的新产品。值得一提的是，这些长达90分钟的上门服务完全是免费的。此外，这些顾问都是授薪员工，这种薪酬方式与基于佣金的模式截然不同，这种方式发出了强烈的维护用户利益的信号。顾问的目标不是完成交易，而是与用户建立信任关系。

这种以解决方案而非产品销售为中心的顾问策略激发了用户的共鸣。百思买发现，使用上门服务的用户，净推荐值更高，而且他们会花更多的钱。

在休伯特·乔利的带领下，百思买重新审视了对用户最重要的东西，从而刷新了自己与用户的相关性。这促使该公司基于相邻业务（服务和咨询）从产品销售商转变为解决方案销售商，而服务和咨询在早期并不是他们的核心业务。这是一种其他广受推崇的企业也曾使用过的方法，并取得了良好的效果。同样，这一切都始于一个问题，那就是：我的用户真正关心的是什么？

例如，世界上最大的家具零售商宜家意识到，顾客真正关心的并不是家具本身，而是家具在他们家里的样子。这导致宜家家居广场的出现，这是一款非常受欢迎的增强现实手机 App（见图 14-1），用户可以通过自己的智能手机摄像头 360 度全方位看一件家具（甚至是一整套家具）在家中的效果。

图 14-1　宜家家居广场增强现实手机 App

资料来源：宜家。

在思考用户真正关心的问题时，迪士尼乐园意识到无压力旅行体验的重要性。这激发了相关服务的创新，如迪士尼的“魔法快车”，在那里，游客可以使用特殊的行李标签，到达机场时不用提取行李即可免费乘坐巴士到酒店，而行李将被自动送到酒店的房间。[①]

有时，这些有助于创造更相关的用户体验的相邻业务就是收入来源，例

① 由于方便的按需拼车服务的兴起，如优步和来福车（Lyft），迪士尼最近宣布计划停止其“魔法快车”服务，此前，该服务已经成功运营了 20 年。即使是如此传奇的公司也无法避免用户体验受到颠覆，必须不断适应持续变化的市场。

如百思买的产品安装服务。在某些情况下，它们可能包括免费服务，比如宜家家居广场，这些服务不会直接产生收入，但他们创造了更有吸引力、价值更丰富的端到端体验，必定有助于收入的增长。

深入现场去考察

在用户体验中创造相关性，无论是通过企业核心产品的设计，还是通过相邻业务的扩展，都需要一个关键信息：对用户来说什么才是重要的？用户真正关心的是什么？

正如我们通过本章中的示例所看到的那样，有时这些问题可以简单地通过站在用户的立场并从他们的角度看待世界来进行回答。尽管这始终是一项有价值的练习，但在某些情况下，它的效用有限，尽管你尽了最大努力，但还是很难猜到用户的想法。

当然，这也就是用户研究发挥作用的地方，通常是通过反馈调查和焦点小组等传统工具来完成的。这些信息收集工具无疑是有价值的，但它们都有一个重要的盲点：有时用户甚至自己都意识不到他们的需求是什么，或者即使他们意识到，也很难向其他人表达出来。事实上，对用户来说最重要的事情同时也是他们最难以表达的事情，这并不罕见。

这就是为什么在用户体验中实现相关性需要使用其他手段来对传统的研究技术作补充。最出色的用户洞察，即那些能够引领用户体验创新并改变游戏规则的深刻见解，很少诞生于焦点小组讨论室或者市场研究调查。恰恰相反，它们源自对用户日常生活的细致观察。

无论是最激烈的构思会议还是最严谨的市场研究报告，都无法与你深入现场去观察、倾听及与用户交谈所学的东西相比，因为你可以据此了解他们如何度过他们的一天，他们如何使用你的产品和服务，而且他们有时会对这些产品和服务进行改进，以满足他们未得到满足的需求。

汽车制造商克莱斯勒（Chrysler）将其在小型货车市场的主导地位归功于对用户进行了民族志方法的研究。30 多年来，该公司一直是美国小型货车销量的领导者，几十年来，以用户为中心的创新传统巩固了这一地位。最好的例证可能就是克莱斯勒 1996 年推出的道奇凯领（Dodge Caravan）了，这是美国第一款带有两个推拉门的厢式货车。在这款车之前，厢式货车只配备了 3 个门，包括驾驶员和乘客前排座椅门，以及一个乘客侧后排座椅推拉门。

当其他汽车制造商只是询问消费者是否想要第二个滑动门时，他们对这个想法并没有太大的热情，克莱斯勒却做了一件当时前所未有的事情。他们派了一个团队深入现场，亲眼观察厢式货车车主有什么他们可能从未想过要在焦点小组中进行分享的困难。

在 2012 年的一次采访中，1996 年款道奇凯领设计工作的负责人之一克里斯·西奥多（Chris Theodore）回忆了他的团队在该项目上的做法：

> 我们度过了一段快乐的时光。我们关注用户，实地走访用户，在休息站、长途卡车服务站和木材场对用户进行录像。我们在那里想出了不少好点子。从杯托到纸巾架，到展开式座椅，再到第四扇门，这些都是我们看到的用户需要的东西，但当我们询问他们时，他们却说不出来。

西奥多和他的团队看到，当你在日常观察用户时，你会发现一些即使是最好的头脑风暴会议也无法揭示的东西：水瓶、果汁容器、苏打水罐和纸巾散落在车内，没有明显的地方可以放置它们。父母为孩子安装安全座椅时，却无法方便地从一侧进入。司机不得不绕着车走一圈去取座位后面的公文包或背包。

克莱斯勒后续开发的厢式货车充满了创新和突破性的功能，这些功能都源自观察用户所收集到的信息。最终，1996 年款的道奇凯领赢得了《汽车趋势》（*Motor Trend*）的“年度最佳汽车”大奖，是有史以来唯一获此殊荣的厢式货车，这款车巩固了克莱斯勒在市场上的领导地位。

无论你从事什么行业，你的用户是谁，或者你提供的用户体验是什么，克莱斯勒培养改变游戏规则的洞察力的方法可能都适用于你的实际情况。产品设计师可以观察用户配置、安装或使用新设备的过程，就像通用医疗的道格·迪茨对他的磁共振扫描仪所做的创新那样。商店经理可以观察顾客在货架间穿梭和结账的过程。结算专员可以观察用户仔细查看和解读发票。内部软件开发人员可以花时间与系统的呼叫中心的工作人员坐在一起，了解他们的工作。

这些都是商务人士从办公桌的束缚中解放出来，并将自己置于与用户直接接触的位置的例子。这是一个在商业世界中经常被忽视的做法，被认为太耗时或多余，因为企业相信他们已经很了解自己的用户，但这些企业最好提醒自己，第 4 章中的统计数据显示了用户和企业之间存在着巨大的认知鸿沟。

深入现场，观察你的用户，如果可能的话，和他们进行一些深入的交谈。它可以让你大开眼界，甚至激励、帮助你明确什么才是与用户真正相关的内容，这样你就可以相应地设计他们的体验。

疫情带来的“停摆”

尽管用户体验的相关性在任何时候都很重要，但在事情发生变化和受到经济衰退或疫情冲击期间尤为重要，因为外部的影响可能会重塑用户的心态。

最近可能没有什么能比 2020 年暴发的疫情更能说明这种动态变化的例子

了。几乎一夜之间，生活被按下了暂停键，疫情从根本上改变了与用户和员工相关的事情。例如，在疫情暴发之前，顾客从未考虑过的清洁和卫生措施等体验细节在疫情期间显得更重要、更明显。

然而，每一次危机都伴随着机遇。不要在用户最脆弱的时候利用他们，因为这显然违背了做一个维护者的法则。相反，这是一个根据新情况刷新自己与用户相关性的机会，从而加强他们对你业务的亲和力。

疫情为企业提供了利用本章所述的所有战略的机会：将自己沉浸在用户的视角中，重新考虑什么样的体验与用户是真正相关的，并探索有助于解决新出现的需求或关注点的体验上的变化和邻接关系。

西南航空公司的中间座位封锁政策就是这种方法在实践中的一个很好例子。一些航空公司质疑中间座位被封锁是否明智。一家用户评分较低的航空公司称其为“公关策略，而非安全策略”。然而，西南航空公司意识到，较低的乘客密度可以让乘客在飞机上感觉更安全，尽管事实上它并没有像专家在地面上建议的那样在所有人之间创造 1.8 米的社交距离。西南航空公司对中间座位进行封锁满足了一种新的情感需求，这种需求对疫情时期的航空旅客来说变得尤为重要和相关。

其他企业也通过巧妙应对疫情引发的需求，提高了它们在市场上的相关性。毕竟，正是在这个熔炉中，“非接触式”体验的许多创新和进步诞生了，比如非接触式自助服务亭、远程工作工具、虚拟会议平台、移动订购或支付、路边取货，等等。

然而，在市场混乱时期需要警惕的一个潜在隐患是，追求体验上的变革以解决一个相关点的同时却无意中“牺牲”了另一个相关点，即解决了一个问题，却制造了一个新的问题。美国国际电话电报公司（AT&T）在应对疫情时就曾遭遇过这样的问题。

10 年前，AT&T 与苹果的史蒂夫·乔布斯合作推出首款 iPhone，受其启发，

AT&T 选择重塑运营商门店体验，使它更注重互动，而不是交易。该公司开创了一种新的零售模式，这种模式不是一味地推销产品，而是强调为用户创造丰富的体验。正如 AT&T 时任零售销售总裁保罗·罗思（Paul Roth）在 2013 年的一次采访中所说："我们希望人们对自己说'在这里感觉很好，我想在这家店待一会儿。我会发现一些我曾经不知道但与我和我的生活真正相关的东西'。"

该公司的努力在许多方面都得到了回报，其中包括前所未有地连续 5 年蝉联君迪无线通信服务购买体验排行榜榜首。然而，到了 2020 年 3 月，疫情引发的封锁使 AT&T 的许多用户无法享受到零售店的体验。

与现代公司在经济大衰退期间的经历形成对比，顾客远离商店的原因非常明显，那就是零售店都关门了。在少数一些还没有关门的商店，人们因为害怕感染病毒也尽量避免前往。为了在这样的环境下与用户产生相关性，AT&T 必须解决两个关键问题，那就是我们如何接触到用户和如何让他们感到舒适。

答案就是路边取货。在疫情期间，这种服务在零售行业里很常见，但 AT&T 在关闭门店后仅 10 天就推出了这种新型服务。用户接受了路边取货的选择，可以想象，该公司本可以就这样继续下去，但他们并没有这样做。高管敏锐地意识到，路边取货的解决方案剥夺了用户在店内体验中另一个始终不可或缺的方面，即设备安装方面的协助。

当然，也有一部分用户相信他们可以自己安装新设备。对他们来说，路边取货甚至送货回家都是不错的选择。但是，许多去 AT&T 商店购买设备的人是因为他们看重在零售店传输数据时销售代表提供的帮助。正如 AT&T 现任零售销售主管凯利·金（Kelly King）所说："人们在转移联系人、照片和音乐时感到束手无策。确保传输正确无误是转移过程中最重要的体验之一。"

因此，AT&T 在应对疫情方面更进一步，将其一直在试验的一种新兴功能重新调整为零售购买体验的一个新的标志性组成部分。这项名为"Right To

You”的交付服务为美国 50 个主要市场的用户提供当天送货上门的服务，以及由认证专家进行个性化的一对一设备设置服务。用户可以选择送货时间，也可以从 3 种社交距离设置选项中选择一种：在家中与专家会面，在外面见面，或者通过视频或手机进行视频通话，而 AT&T 代表则待在他们的车里。

在疫情期间，AT&T 的用户可使用的所有在线购买选项中，“Right to You”获得的满意度评分最高。我们很容易理解为什么这项服务如此受欢迎，实际上是因为该公司通过“Right To You”利用了 12 条法则中的好几项，比如易于使用（让生意来找你）；激发情感共鸣（用安心取代忧虑）；给予用户掌控感（赋予用户选择的权利）。而归根结底，这一切之所以奏效，是因为这种体验与用户相关。它为用户提供了他们所需要的东西，不仅包括设备购买，还包括专家协助安装，并且是在他们需要的地方，即在安全的环境中，不用接触传播病毒的蜂拥人潮。

真体验实践

如何触达用户的需求

- **确保人们从你提供的产品和服务中获得真正的价值。**在任何的商业关系中，这都是能够长期取得成功的关键。想要做到这一点，你需要实现相关性，为用户提供满足他们显性和隐性的需求、希望和渴望的东西。要做到这一点，就要和你的用户保持亲近，这样你就能感受到他们的想法和感受，然后利用这些见解来设计和开发你的用户体验。
- **仔细考虑用户真正关心的问题。**用户和员工既有理性需求，也有情感需求。为了在他们的生活中实现相关性，请确保你正在思考并解决这两个需求。此外，不要陷入认为用户只关心你的产品或服务的陷阱。例如，消费者并不真正关心他们的家庭保险，而是关心他们的家。你的产品可能只是整体规划的一部分，通过了解整体规划，你将更好地为当前用户和潜在用户提供更相关的体验。

- **适应市场环境的变化。**与用户相关的东西几乎可以在一夜之间发生改变，因为他们所处的环境随时可能发生改变。现代汽车公司意识到了这一点，并在经济大衰退期间改变了消费者优先考虑的问题，并做出了相应的应对方案。同样，当疫情暴发时，敏锐的公司后退了一步，重新考虑了在疫情按下暂停键的世界中，什么才是与用户最相关的，从而引领了诸如路边取货的创新，以及为想要避开人群的高风险老年用户设置特殊的购物时间。你需要关注环境的变化，无论大小。通过影响用户的关注点，这些环境变化可能会提供一个独特的机会来优化用户体验并增强其相关性。

- **到用户的“自然环境”中观察他们。**避免完全依赖研究报告、分析、焦点小组和其他传统工具来确定用户真正关心的是什么。在任何可能的情况下，通过直接的观察、与用户的深入交流来补充这些收集见解的技术。在他们阅读你的营销材料，浏览你的网站，使用你的产品，参与任何与你的产品有关的活动时观察他们。然后问自己一些问题，比如：这次体验中缺少点什么？用户在纠结什么？是什么让他们困惑？为了实现目标，即使是下意识的，他们会采取什么样的变通方案？

- **细分用户，定制体验。**12 条法则中的大多数都代表了普遍的真理，即用户体验设计方法将吸引每一位受众。然而，创造相关性却有点不同。在这里，你应该考虑根据不同类型用户的独特需求定制他们的体验。因此，当你思考用户最关心的是什么时，要根据不同的用户群体提出这个问题，这些群体由人口统计学、心理统计学或两者的组合来确定。例如，一些用户可能想要高接触、辅助的体验，而另一些用户可能更喜欢自动化的自主式互动。假设这两个群体都属于你的目标市场，你就需要设计与这两个群体都相关的体验。关键是在你的思考过程中要包容各方，并仔细考虑你打算服务的所有不同群体的需求和情况。

- **关注用户的上游和下游需求，扩大产品价值。**探索相邻业务，例如新业务、补充服务和产品附加组件，可以增强你的业务在用户眼中的相关性。他们在购买你的产品之前会做什么？之后会做什么？通过回答这些问题，你可能会发现上游和下游的机会，以你想象不到的方式向用户提供更大的价值。

- **到现场（Gemba）去。**Gemba 是一个日语音译词，意思是“现场”。在商业领域，它指的是丰田公司首创、后来被精益管理大师所采用的方法。它是指主管花时间观察员工实际工作的地方（真实场所），从而找出提高效率、生产力和质量的方法。从本质上讲，这是一种观察内部用户（员工）在日常工作环境工作的方式。对企业领导者来说，深入现场是一项非常宝贵的实践，因为它提供了一个未经过滤的视角，即员工为高效地完成工作必须克服障碍。反过来，这又使领导者能够确定哪些是最相关的工作场所和需要改善的基础设施，以帮助员工为用户提供始终如一的卓越体验。

- **利用建议反馈渠道。**更好地了解与用户相关的内容的一种方法是倾听他们对你的业务、产品和服务的评价。这部分可以通过征求反馈来实现，例如通过调查和用户访谈。然而，许多企业甚至都没有充分利用他们已经获得的主动反馈数据。例如，花时间阅读自己网站或销售中介网站上的产品评论；查找你的产品或服务的购买者在社交媒体上发布的评论；思考用户在考虑购买时或购买后提出的问题。所有这些评论和问题都有助于阐明与用户相关的内容，无论是他们正在寻找的功能还是遇到的挫折。

- **告诉用户其他与其同类型用户的表现。**人们通常会通过了解处境相似的人在做什么来发现相关性，比如他们在购买什么产品，添加什么选项和使用什么服务。如果你有这样的信息，用它来引导你的用户到一个可能更相关的互动点。例如，当用户把注意力集中在某款特定产品上时，可以考虑突出介绍经常与该产品一起购买的其他产品。

- **站在用户的角度考虑问题。**更好地理解用户体验并确定相关改进措施的一个有效方法是自己成为用户。拨打你公司的用户服务热线。如果你的产品需要组装或安装，不妨试一试。实际使用一下自己的产品，尝试在你的网站上下单，体验新员工入职流程。这些方法都可以让你沉浸在当前的体验中，发现高峰和低谷，然后相应地调整和改善你的用户体验。

- **注意数字肢体语言。**在现实世界中，观察用户是有价值的，但在数字世界中呢？答案是绝对有价值。技术工具随时都可以帮助你从用户的“数字肢体语言”中做出推断。他们最喜欢网站的哪个页面？他们在哪些页面上停留的时间过长，这表明他们很可能难以理解这里的内容？他们在哪些页面之间经常切换，因为无法在线完成某些任务而选择打电话询问？如果他们在购买过程中中止了，那么大多数人到底是在哪里中止的呢？这些问题都可以通过研究数字行为数据来回答，从而为创建更相关、更有用的在线用户体验提供所需的信息。

- **帮助用户发现他们曾经不知道的事情。**发现是提升用户体验相关性的另一种途径。如果你帮助用户了解了一些他们以前不知道的却与他们相关的东西，这将增强他们的参与度。例如，软件提供商可以提醒用户他们没有充分利用的产品功能；商业保险公司可以就刚刚宣布的食品原料召回向其餐厅用户提供建议；艺术用品店可以定期给顾客发电子邮件，征求创意。关键是，你不需要等待用户与你互动来增强相关性。相反，你可以通过智能内容管理和主动沟通在这方面取得有意义的进展。

- **根据用户的语境来沟通。**以一种与用户相关的方式向他们传达信息，围绕他们的情况而不是你的情况，例如，“3 点钟的游行是什么时候？”在数字领域，这可以通过利用基于位置的数据来实现。只有当顾客靠近你的商店时，某些类型的促销信息才能发送到他们的移动设备上。在数字领域之外，这是一种显示你以他们的世界观为导向的沟通方式。例如，当安排与某人的会议时，根据他们的时区而不是你的时区来确定时间。

真体验要领
FROM IMPRESSED TO OBSESSED

- 无论提供什么产品、服务、信息，让用户觉得与之相关，才能设计出良好且令人难忘的用户体验。
- 最出色的用户洞察很少诞生于焦点小组讨论室或市场研究调查之中，而是源自对用户日常生活的细致观察。
- 满足用户的上游或下游的需求，扩大你的核心产品对用户的价值，可以增强需求连接。

第 15 章

法则 9：设计每一处细节

一个“小错误”就能引起用户担忧

2020 年 1 月，英国最大的保险公司之一英杰华集团（Aviva）向数千名用户发送了一封写给“迈克尔”的电子邮件。问题是，这些用户中绝大多数都不叫“迈克尔”。发现这个错误后，该公司又向这些用户发了一封电子邮件，对称呼他们为迈克尔表示道歉，并解释说这是由暂时的技术错误造成的。

其中一位受影响的用户安德鲁接受了 BBC 的采访，他对这一混乱事件是这样回应的：“把名字弄错是一回事，但如果是把我的数据，比如地址或策略信息发送给了其他人该怎么办？”安德鲁的回应是“灯罩效应”（lampshade effect）的一个很好的例子，**“灯罩效应”指的是人们如果在用户体验中发现一个小错误或疏忽，就会从中推断出可能存在一些更大的问题。**

这个词来源于豪华酒店对客房最小细节的关注，比如桌椅的摆放、枕头的摆放或灯罩的位置。这就是为什么著名的丽思卡尔顿连锁酒店的管家有一份需要检查 200 多项物品的清单，以确保每个房间都为客人准备妥当。该酒店意识到，如果客人走进房间时看到灯罩歪了，他们很可能会怀疑房间里还有什么其他东西也是有问题的。

虽然我们的大脑可能无法记住用户体验中的每个细节，但我们肯定会受到每个细节的影响。酒店套房里歪斜的灯罩、信件中的拼写错误、候诊室里难闻的气味、商店里杂乱的产品陈列、呼叫中心的客服代表粗鲁的问候、一个不进行眼神交流的医生，这些都是我们的大脑在不断扫描我们的环境，以寻找关于当下体验的本质线索时所捕捉到的各种细节的例子。当我们与周围的世界互动时，这些线索会强化或改变我们脑海中已形成的印象。

这就是为什么细节在用户体验中非常重要，因为无论它们多么微小，仍然会对用户的感受产生有意义的影响。首先吸引人们与你达成交易，然后激励他们一次又一次地回来。

寻找矛盾的线索

2008 年 1 月，星巴克董事长霍华德·舒尔茨（Howard Schultz）临危受命，拯救这家他亲手从西雅图一家小咖啡馆打造成为全球文化现象的公司。

作为经济大衰退的牺牲品，星巴克的日子并不好过，在过去的 15 个月里，其股票价值蒸发了近一半。公司董事会要求于 2000 年卸任的舒尔茨重新担任 CEO 一职，领导公司扭转局面。

在星巴克任职期间，舒尔茨一直依赖我们在上一章中提到的策略：他经常深入现场，走访世界各地的星巴克门店，观察进进出出的顾客及他们与咖啡师的互动。这一次也不例外，他最近一次的门店之行证实了他一年前在一份备忘录中首次向同事表达的担忧。

在那篇备忘录中，有一个引人注目的标题：星巴克体验的商品化，舒尔茨指出了各种各样的小细节，他认为这些细节与星巴克一直渴望在其门店中创造真正的社区咖啡馆的氛围是相矛盾的。

舒尔茨在 2008 年 3 月的一次高管会议上向公司的 200 名高管公布了他扭亏为盈的计划，这些细节最终在计划中占据了重要位置。那其中最重要的任务是什么呢？是一项要求拆除并更换全球所有星巴克门店近 2 万台的意式浓缩咖啡机的指令。取而代之的是由瑞士制造商 Thermoplan AG 专门为星巴克开发的新型浓缩咖啡机 Mastrena。要更换的咖啡机太多太多了，用舒尔茨的话来说，这是星巴克“迄今为止在财务和物流方面最大的赌注”。

如果以如此高昂的成本更换所有这些浓缩咖啡机是星巴克转型计划核心的话，那么这很可能意味着舒尔茨在巡店的时候，发现意式浓缩咖啡的味道很难喝。

但实际上，这一举动与咖啡的味道无关。相反，这源于舒尔茨在观察咖啡师和顾客互动时注意到的一个小小的视觉细节。

大约 10 年前，为了提高服务速度，星巴克用升级的自动咖啡机取代了原来的浓缩咖啡机。然而，舒尔茨发现，与最初的机型相比，这些工作台上的新机器要高得多，咖啡师在制作饮品时不能再与顾客随意交谈或保持眼神交流。

用舒尔茨的话来说，这消除了星巴克用户体验核心的“浪漫和戏剧”。如果顾客不能看到他们的饮品是如何制作的，也不能与制作咖啡的咖啡师交谈，那么他们就享受不到当地咖啡馆带来的温馨体验。他们还不如去麦当劳买一杯浓缩咖啡。

从表面上看，咖啡师和顾客之间保持眼神交流似乎是一个无关紧要的小细节。然而，舒尔茨认为，如果没有这些细节，星巴克想要在门店中营造的氛围肯定会受到严重破坏，这就是为什么他要将其列为需要改变事项清单的首位。

撇开细节不谈，舒尔茨的行动说明了另一个重要问题：更高效的用户体验并不一定意味着能转化为更具吸引力的用户体验。对于像星巴克这样的公司来说，用户关系和社区是其品牌承诺的核心，这是一个重要的启示。不过，这也是一个适用于多种类型的业务互动的概念。速度和效率有优势，但它们有时也会削弱舞台上用户体验的“戏剧性”，而这可能是最令人难忘的部分。

咖啡机问题并不是引起舒尔茨注意的唯一细节。他还逐步淘汰了星巴克5年前推出的需要加热的早餐三明治，因为他发现三明治的味道盖过了咖啡的味道。“烧奶酪的魔力在哪里？”他后来说，这是又一个与星巴克作为一家正宗社区咖啡馆的理想形象相冲突的感官线索：它降低了门店的体验感。

早餐三明治曾为星巴克带来超过1亿美元的年收入。因此，就像更换浓缩咖啡机一样，这也是一个具有重大财务影响的决定。但舒尔茨知道，即使是1亿美元的收入，也无法弥补这些被忽视的细节对精心打造的用户体验所造成的损害，而这种体验长期以来一直推动着连锁门店的增长。最后，在改变了三明治的配料和加热程序后，星巴克发现他们可以在店内提供没有异味的食品。同年晚些时候，星巴克重新推出了三明治。

在霍华德·舒尔茨第二次担任星巴克CEO期间，星巴克的股票表现超过了标普500指数8倍。这家公司从大衰退中走了出来，变得比以往任何时候都更强大，这不是因为严格削减成本，而是因为重新抓住了用户体验的精髓，才赢得了众多消费者的长期忠诚。

舒尔茨敏锐地意识到，给顾客留下的印象不仅仅是因为咖啡的味道和商店的布局等明显的因素。一些容易被忽视的细节同样重要，如果不精心管理，可能会在顾客心中（即使是潜意识的）造成矛盾，从而削弱星巴克门店的体验质量。

就像星巴克一样，每个企业都有影响顾客印象的体验细节。它可能是销售计划书纸张的质地，可能是网站页面使用的字体，可能是商店里灯光的颜色或亮度以及照在产品上的方式，也可能是业务代表和用户进行电话沟通的清晰度。

对围绕用户体验的所有细节，诸如视觉、声音和气味等进行检查是很重要的，同时也要留心那些可能会否定你的业务正在努力推进的印象的细节。

创造独一无二的体验入口

关注细节不应该只是一种被动的实践。最重要的是发现可能会对用户的认知产生负面影响的现有的体验细节，就像霍华德·舒尔茨在星巴克所做的那样。然而，**利用“灯罩效应”，不仅可以弥补体验上的缺陷，还可以创造新的环境线索，使用户互动与众不同，并使它们更令人难忘**。

在苹果公司，这项任务在一定程度上归功于一个秘密团队，他们藏身于该公司位于加利福尼亚州库比蒂诺总部一个被称为“包装室”的安全区域。正是在那里，苹果的包装设计师开发和测试了该公司的产品包装盒。这些人会在那个房间里花上几个月的时间，什么也不做，只是打开数百个样品盒，这一切都是为了创造一种独特的“苹果产品开箱体验”。

2007 年 1 月，当史蒂夫·乔布斯在 Macworld 大会上介绍第一代 iPhone 时，他宣称该设备的设计涵盖了 200 多项专利。令人惊讶的是，其中一项专利与 iPhone 本身无关，而与它的包装盒有关。

乔布斯以注重细节和前卫设计而广为人知。这是苹果产品的标志，也是该公司差异化的主要原因之一。乔布斯对细节的痴迷延伸到了苹果产品的包装上，第一代 iPhone 包装盒的精心设计和专利保护就是最好的证明。他对这一领域的专注让人想起本书开头提到的亚马逊对包装的重视及缓解用户包装怒的“巧思”。

如果说乔布斯在设计领域有一个灵魂伴侣，那就是苹果首席设计官乔纳森·伊夫（Jony Ive）。在谈到两人对苹果产品包装的痴迷时，伊夫对乔布斯的传记作者沃尔特·艾萨克森（Walter Isaacson）说："包装可以成为一部戏剧，它可以讲述一个故事。"

任何打开过 iPhone 的人都知道他在说什么。iPhone 包装盒最初的专利图如图 15-1 所示，打开 iPhone 的动作被设计成揭幕，而不仅仅是打开。只需拉动一个塑料片，盒子周围的塑料护套即可剥离。盒盖和底座都是经过精心设计的，阻力和摩擦力恰到好处。当你打开盖子时，它会稍有抗拒，像是在轻轻滑落露出奖品之前创造出一个期待的时刻。在内部，这款设备占据了舞台的中心，就像杰作一样摆放在托盘上，而托盘则似乎漂浮在盒子上方，隐藏在盒子后面的配件只是支持主角的配角。

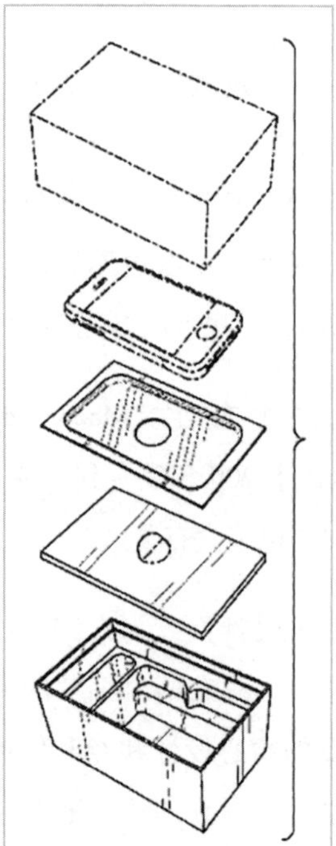

图 15-1　iPhone 包装盒最初的专利图

这就是戏剧性。这些小细节强化了苹果的所有品牌特质：优雅舒适、简洁大方的设计。包装盒不仅是 iPhone 体验的一个入口，也是 iPhone 体验不可或缺的一部分。

看似多余的细节可以帮助实现用户体验的差异化，并强化你想要讲述的品牌故事。你可能认为人们不会注意到这些细节，但他们会注意到，即使是潜意识的。总之，这些细节可以使用户体验变得强大而不是脆弱，与众不同而不是乏味。

真体验实践

如何把控细节设计

- **充分利用细节的力量，让你的企业和你自己与众不同。**仔细观察分析用户体验，寻找那些可能与你期望给人们留下的品牌印象相矛盾的线索，无论这些线索多么微小。此外，探索机会，为用户互动注入新的细节，这些细节有助于以有利的方式塑造用户的感知，从而使体验更加丰富和独特。
- **关注细节。**重要的是从用户体验的大局出发，并把握关键时刻的真实互动。不要只停留在宏观层面。你还必须关注细节，那些体验中的本质部分，那些通常只有深入现场才能看到的部分，比如商店张贴的广告、账单通知中使用的字体、等候室中的椅子和顾客洗手间的装饰。利用围绕用户体验的细节来强化你想要推广的所有品牌特征。
- **充分利用 5 种感官，塑造独特记忆。**感官刺激可以作为记忆线索。这就是闻到一种特定的气味或在收音机里听到一首特定的歌曲能够唤起你鲜活的记忆的原因。可以通过利用 5 种感官创造令人难忘和独特的用户体验。例如，迪士尼在其主题公园中使用一种名为“气味机”的专利机器，为特定景点注入特定类型的气味，例如美国大街入口处的爆米花气味或鬼屋内的霉味。饮料制造商斯纳普（Snapple）在瓶盖设计上提供了一种听觉和触觉上的“砰”的一声，这表明它是新鲜的。这些细节，在不经意间，创造了顾客对体验的亲切感。

- **让闲散的员工远离用户视线。**如果你从事零售业务，用户会到访你的门店，请对他们能够看到的内部细节保持敏感。例如，如果用户不得不等待帮助，但看到其他员工在柜台后面似乎无所事事，这就在体验中产生了负面的视觉印象。这些员工很可能在做富有成效的工作，也许是一些时效性强的管理工作，但如果他们在排队的用户面前这么做，那就是个问题。不管出于什么原因，如果员工不能帮助顾客，那就让他们远离顾客的视线。

- **使用员工着装来传递体验信号。**一线员工的外表，甚至他们去见用户所开的车，都是可以塑造用户印象的细节。一个修理工等着房主开门，然后在房主面前穿上一次性靴子，这是在传递一个微妙的信号：我尊重你的家，会尽我所能保持它的清洁。相反，如果公司的车辆很脏，明显年久失修，则会向用户发出不同的信号，让用户怀疑该公司的信誉和可靠性。着装也可以用来向用户传达有用的信息。克利夫兰医学中心以卓越的患者体验而闻名，它的工作人员都穿着不同颜色的手术服，这样当他们进入一个房间时，患者就很容易知道他们是谁：护士、医生、住院实习医生、食品服务人员等。视觉形象是一个需要管理的重要细节。确保面对用户的员工和他们随身携带的所有装备都是“准备就绪”的。

- **消除与用户连线时的“干扰”因素。**当通过电话或视频与用户互动时，确保他们能清楚地听到或看到你。过多的背景噪声或低质量的图像画面这些细节表现出你缺乏专业性。可以这样想，如果打电话的人可以听到隔壁的客服在后台与其他用户交谈，这意味着缺乏隐私和个性化，从而降低了体验感。当然，其中一些问题可能来自用户端，但至少要尽最大努力保持线路的清晰和无干扰。这意味着高质量的互联网连接，手机麦克风的位置合适，以及在可能的情况下，使用隔音的工作间。

- **检查邮件的文字正确性。**无论是对用户还是对员工，交流中的错别字和语法错误都是不专业和粗心大意的表现，会降低体验感，给人留下不那么积极的印象。确保你的书面交流是简洁文雅的，这会给所有阅读者留下深刻的印象。

- **恰如其分地选择职位名称。**我们已经看到了细节是如何帮助塑造用户认知的，对员工也是如此。考虑一下职位名称，以及它们如何影响员工对工作的看法和敬业度。与“用户服务顾问”相比，“事务处理员”是否可能被认为这个角色不过是个文书工作人员？你愿意做“咖啡师”还是“餐饮服务助理”？星巴克是知道答案的。做一名“人力资源招聘人员”还是做一名“公司人才发掘者”，哪个更有可能让你早上愿意从床上爬起来？工作场所的标签会对员工如何对待工作产生微妙但很强大的影响。这并不是让你创造一些非常规的、夸张的职位名称，比如“客服忍者”，而是希望你在制定职位名称时更加深思熟虑一些。

- **从你的组织词汇表中去掉“后勤部门”一词。**职位头衔并不是影响员工印象的唯一细节，组织标签也是如此。对“以用户为中心”而言，“后勤部门”一词往往会带来不利影响。它通常指的是不直接与用户互动的支持人员。对于那些被赋予这个词的人来说，这个词可能有负面的含义，暗示着某种程度的低人一等，即他们在某种程度上不如一线员工重要和技能娴熟。它还剥夺了这些员工面向用户的使命感，而这种使命感有助于激励他们并指导他们的行为。前文曾讲过每个人都有用户，即使是内部用户。从你的组织用语中去掉“后勤部门”这个词，并让员工记住，即使他们不面对用户，他们也同样会影响用户。

- **利用肢体语言传递友好、关注的信号。**堪萨斯大学一项有趣的研究发现，如果医生在查房时是坐着而不是站着，患者对医生的治疗明显更满意，患者觉得坐着的医生会花更多的时间倾听他们的担忧，了解他们的需求，回答他们的问题，这让他们更满意。总而言之，他们很喜欢与医生互动。这种与肢体语言有关的方法可以应用于任何商业环境，注重效率的组织领导也应该避免“匆匆”地与员工接触，因为这意味着紧急和不耐烦。坐下来，不管时间有多短，都意味着平易近人和专注。同样的策略也可以用在用户身上，再加上其他的视觉暗示，比如明显的眼神交流和友好的微笑。

真体验要领 FROM IMPRESSED TO OBSESSED

- 细节在用户体验中至关重要，它能吸引用户交易并促使其反复回购。
- 一个错误、一次疏忽就会在用户心中埋下质疑的种子，从而影响到用户对体验质量的感受。
- 关注细节不应该只是一种被动的实践，主动发现现有的体验细节，利用视觉、听觉、触觉和其他感官加强互动的细节，能使体验更难忘。

第16章

法则 10：为用户定制个性化体验

咖啡师会叫出你的名字，知道你喜欢喝什么；理发师知道你喜欢什么发型；理财顾问见证了你攒钱去度假的努力，会询问你假期如何；航空公司的客服中心能够识别你的电话号码，并主动询问你打电话是不是想询问下周的行程安排；经理在你返工后会询问你的身体如何。

这些都是令人印象深刻的体验，但为什么呢？因为它们代表了一种互动，让用户或员工感到自己很特别，让他们觉得自己并不是一颗微不足道的“螺丝钉”。这些例子展现了个性化的体验，展示出他们是独立的个体，而不仅仅是收入来源或员工。

个性化体验是一种更具相关性的体验，因为它是根据我们个人的需求和兴趣量身定制的。前文提到，越是与我们相关的体验越是令人难忘。因此，个性化不仅有助于提高用户体验的质量，还有助于巩固我们记忆中的互动。

有趣的是，我们对个性化的喜好似乎有生物学基础。研究人员发现，仅仅是听到自己的名字这种简单的个性化行为，就会触发一种独特的大脑活动模式，这与我们听到别人的名字时的反应截然不同。

然而，最重要的还是要理解，虽然个性化体验与用户更相关，但用于实现个性化的具体技术与用于培养更普遍形式的相关性的技术略有不同。为了理解这两者之间的区别，我们先来看一家无线电广播公司重生的故事。

基于个体细分市场

20 世纪 90 年代，音乐家蒂姆·韦斯特格伦（Tim Westergren）和他的乐队在美国各地旅行了好几年，他们就住在一辆面包车里，生活艰难。后来他决定做出改变。这位毕业于斯坦福大学的爵士钢琴家背井离乡，找到了一份为电影配乐作曲的工作。

他的工作是负责为一部电影配乐，他发现，这份工作在很大程度上需要了解导演自己的音乐品味。为此，韦斯特格伦会和导演坐在一堆 CD 旁，为导演演奏不同的曲子，并记录下他们的反应。然后，他会回到他的音乐工作室，把导演的反馈转换成音乐，创作出符合电影和导演品位的配乐。

韦斯特格伦逐渐意识到，他对这些导演所做的实际上是一种音乐上的“迈尔斯－布里格斯测试”。他开始思考，他的评估和迎合个人音乐品味的方法是否可以被编纂和商业化。后来他与斯坦福大学的一位同学合作，在 2000 年年初，他们获得了风险投资的资金，这就是后来的互联网广播服务商潘多拉（Pandora）。

在创业的头几年，韦斯特格伦和他的 50 多名音乐家的团队费力地分析了上万名艺术家的音乐。他们对音乐的近 400 个属性进行了评估，详细介绍了旋律、和声、节奏、速度、歌手类型和音乐编曲等内容。通过这一实践开发的知识产权，被他称为“音乐基因组计划”，成为潘多拉皇冠上的明珠，也是创建有史以来最个性化电台的关键。

用户可以通过访问潘多拉的网站或手机 App，输入他们想听的音乐类型或该类型中特定歌曲的名称。然后潘多拉就开始播放该类型的歌曲，并在屏幕上显示“竖起的大拇指”和“向下的大拇指”按钮。如果用户喜欢他们听到的歌曲，就会点击“竖起的大拇指”。如果他们不喜欢，就会点击“向下的大拇指”，潘多拉就会跳到下一首歌。然而，在这些场景的背后，还有更多的故事在发生。

每点击一次大拇指向上或向下的按钮，潘多拉就会记录下正在播放的歌曲的“基因组”。如果你喜欢一首歌，潘多拉就会开始播放与之相似的歌曲；如果你不喜欢这首歌，潘多拉就会避免播放有相似音乐基因密码的歌曲。

随着时间的推移，这种反复的练习使潘多拉掌握了听众喜欢的音乐类型。例如，潘多拉呈现的不是普通的经典的摇滚音乐播放列表，而是完全符合你个人口味的摇滚曲目。

2005 年，当潘多拉网络电台首次推出时，它带来的用户体验是令人印象深刻的。潘多拉的听众得到了令人难以置信的个性化播放列表，其中不仅包括他们知道和喜爱的歌曲，还包括他们不知道，但只要一听到就会喜欢上的歌曲。这项服务在某种程度上几乎是神奇的，它让人们发现了也许这辈子都不可能知道的全新的艺术家和歌曲。

有趣的是，这实际上是韦斯特格伦想要将他的发明商业化的最初动机。多年以来，他一直在观察那些挣扎着为自己的音乐寻找听众的音乐家，他认为“一个对流行视而不见的发现工具”可以帮助到很多人。

潘多拉在 2005 年推出后，用户群迅速增长。仅仅用了 5 年时间，该公司就拥有了 4 000 万活跃用户。然而，实际上他们没有在营销上花一分钱，口碑就是他们的全部广告。潘多拉的用户体验就是这么好。

2015 年左右是潘多拉的巅峰时期，在其运营的 3 个国家拥有超过 2.5 亿的总用户量。它占据了互联网广播市场 78% 的份额，也许更令人印象深刻的是，潘多拉收获了美国所有广播收听量近 10% 的市场份额，其中包括广播和流媒体平台。

这并不是说潘多拉没有挑战。由于 2007 年的一项版权裁决，潘多拉的音乐版税翻了一番。而地面和卫星广播电台的版税就要低得多。该服务很难再盈利了。潘多拉也做了一些糟糕的商业决策，它退出了美国以外的市场，并且低估了 Spotify 等点播而非广播式音乐流媒体服务所带来的竞争威胁。正如我们在第 3 章博德斯书店的故事中所了解到的，良好的用户体验肯定会给企业带来驱动力，但并不能使业务免受其他战略失误的影响。

2019 年，潘多拉被 SiriusXM 以 35 亿美元的价格收购。除了音乐流媒体服务继续运营，潘多拉现在还将业务扩展到了蓬勃发展的播客市场，推出了“播客基因组计划”，并将其用于播客，就像将它应用于广播上一样。

而潘多拉故事的关键启示在于：用户体验个性化是针对个人而非特定群体进行量身定制。个人层面的个性化比群体定制更细微。这不是要弄清楚市场想要什么，而是要弄清楚每个用户想要什么。

潘多拉的音乐流媒体算法很好地说明了这一概念，因为它基本上忽略了市场而偏向个人。这是对群体的一种漠视。它漠视了 Top 100 的音乐排行榜，漠视了社交媒体上的影响者。对潘多拉的流媒体引擎来说，最重要的是个人对所听到的歌曲的反馈。

与基于细分的用户体验定制相比，个性化更像是一种外科手术。它需要将每一个潜在用户、现有用户和员工视为“一个细分市场”，并相应地为他们设计体验。

打开雷达，发现用户未表达的愿望

作为一家在线数字音乐服务公司，潘多拉能够利用技术，通过其音乐基因组算法和大拇指向上或向下按钮来推断用户对音乐的偏好。对于零售商店、酒店和专业服务等包含许多非数字化互动的企业来说，完全依赖技术来个性化用户体验并不现实。这些领域的个性化需要另一个工具：关注。如果说哪一家企业将这种理念贯彻到了员工，丽思卡尔顿酒店必列其中。

在 2009 年的一次采访中，丽思卡尔顿酒店总裁顾世民（Simon Cooper）讲述了一对夫妇下榻该酒店的迪拜分店的故事。丽思卡尔顿酒店的一名服务员无意中听到这位先生向坐在轮椅上的妻子抱怨，自己为什么没带她去海滩度假。后来，服务员主动联系了酒店的维修部门，把他了解到的关于两位客人的情况告诉了他们。第二天下午，维修团队搭起了一条通往海滩的木制长廊，餐厅员工也在沙滩上撑起帐篷，这对夫妇当晚就可以在那里用餐了。

在丽思卡尔顿，这被称为“打开雷达，竖起天线”。这句口号是在鼓励员工“时刻准备着”，及时发现客人明显的需求和未表达的愿望。这是丽思卡尔顿酒店提供个性化体验的主要方式之一。

有时，就像那对迪拜客人的情况一样，这种个性化可以通过一种非凡而令人难忘的方式来体现，有时，这种个性化也可以换成更微妙的方式。丽思卡尔顿酒店的员工会留意客人是如何与他们打招呼的（是“晚上好”还是“最近怎么样？”），在与客人交流时，他们会利用这些信息来调整自己与客人沟通的方式。

丽思卡尔顿酒店很清楚，如果说有什么比高度个性化的用户体验更好，那就是持续个性化的用户体验，利用客人已表达的和未表达的偏好来塑造他们现在和未来的体验。

如果一位商务人士入住波士顿的丽思卡尔顿酒店时，要求提供不含羽绒的枕头，那么当他再次入住这家酒店或世界任何的丽思卡尔顿酒店时，他可能会发现一些有趣的事情：不需要他再提要求，不含羽绒的枕头就已经放在他的房间里了。

如果一个游客对前台说他的房间太热了，他们把空调温度调得很低还觉得热，那么未来他再次入住丽思卡尔顿酒店时，他很可能会被安排在阳光直射较少、自然温度较低的房间。

该酒店不仅关注客人的需求、喜好和愿望，而且还会记住它们。这创造了一种个性化的水准，不仅在当下引人注目，而且是持久的，因此也更加令人印象深刻。

该酒店的所有员工都配备了“偏好记录本”，他们用它来记录有助于个性化用户体验的信息。在理想的情况下，这些信息是通过观察随意收集的。当然，他们也会直接向客人询问信息，这将有助于客人的住宿更愉快。然而，请记住，一旦你向用户询问信息，就要为他们提供更好的个性化体验，这就为他们设定了一个期待，这个期待需要兑现。询问客人信息的机会一般是通过客人在到达酒店之前与他们提前联系实现的，丽思卡尔顿的用户关系工作人员会在客人入住前与他们联系，询问入住有关的任何特殊需求或情况，例如，他们是在庆祝生日还是周年纪念日。

为了建立顾客偏好的“记忆制度”，无论是由客人明确表达的偏好，还是通过员工观察所发现的偏好，丽思卡尔顿酒店都会依赖一种“神秘系统”将其记录下来，这是一个被恰当命名的用户关系管理系统。来自偏好栏的信息，以及客人到店前的提前询问，都会被输入“神秘系统”当中，所有的丽思卡尔顿酒店都可以查看这些内容。这也是酒店的与众不同之处，因为尽管有许多组织会记录用户需求和偏好的信息，但很少有组织真正使用这些信息为用户塑造独特的体验。

在客人抵达酒店之前，丽思卡尔顿的宾客服务人员会查询“神秘系统”的相关信息，并做出相应的回应，例如，在客人的房间里放置不含羽绒的枕头。相应地，宾客服务部门还会与酒店的其他部门分享“神秘系统”档案中某些需要强调的内容，比如告知餐厅经理客人打算庆祝一个特殊的纪念日。必要时，这些客人的详细信息会通过员工例会等场合向所有员工传达。在例会上，主管会对下一班次的员工们当面交代，并让他们做好准备。

“神秘系统”也被用来记录客人之前在某个丽思卡尔顿酒店或其他酒店可能遇到的任何服务问题。这有助于酒店在运营改善上的“再调整”（我们将在第 18 章中了解更多），确保客人在上次入住时遇到的问题不再出现，例如，等待客房服务太长时间或无法保证他们想要的高尔夫开球时间。

丽思卡尔顿在感知、记录和回应用户需求方面显然相当成熟。其实，他们的个性化体验方法是任何企业都能做到的。打开雷达和竖起天线并不需要一个数百万美元的技术平台。它只需要做出有意识的承诺，时刻关注用户发出的信号。这也涉及记录用户相关信息的原则，无论是在用户关系管理系统上还是仅仅在一张纸上，在与用户打交道之前都可以参考这些记录。

这些小小的举动往往会给用户留下深刻的印象，因为这表明你在倾听他们的意见，了解他们，对待他们与对待其他用户不同。这反过来又让他们觉得自己是 VIP，激发出大量积极的情感，在用户和公司之间建立起更紧密的联系。

真体验实践

如何打造个性化体验

- **尊重用户与员工，打造个性化体验。**这样的个性化体验向用户表明，你并不是把他们视为收入来源，对员工来说，这代表你并不是把他视为工作的机器。个性化体验就是以简单或复杂的方式获取用户的信息，然后使用这些信息来创建更有针对性、更吸引人、更人性化的体验。

- **竖起“天线”，敏锐地察觉用户的偏好。**在与用户互动时，无论是现在还是将来，都要注意倾听他们可能分享的有助于个性化体验的信息。它可以是与你的核心产品或服务相关的评论，比如对某种风格或沟通偏好的表达。它可以是一些更私人的东西，比如用户谈论他们的家庭、孩子或者爱好。这些都是信息的例子，如果使用得当，它们有助于为用户创造更个性化和人性化的体验。

- **利用数字足迹定制个性化体验。**与现场互动相比，数字互动因为没有公司员工参与，无法帮助发现个性化的机会。然而，仅仅通过捕捉有关用户在线行为的信息就可以获得类似的洞察，比如他们经常浏览哪些产品类别，他们最近检索了哪些账户信息，生成了哪些报告。这些都是可以用于数字个性化体验的信息。此外，如果面向用户的员工可以获得有关在线行为的信息，那么这些信息也可以应用于个性化的离线互动。例如，一位可以访问用户信息的旅行预订代理可以对来电者说：“我看到您试图在网上更改航班，我可以帮您吗？”

- **花时间获取用户的信息。**建立关于用户的认知，然后应用于个性化体验，需要获取一定的数据。在数字世界里，这可以说是比较容易的，因为系统可以被设计成自动记录相关信息。然而，在线下，这需要人为做更多的事，例如销售代表需要在会后花时间记录他们了解到的关于潜在用户的信息；服务代表需要花时间更新用户的账户历史记录，详细说明在电话中发生的事情。把时间投入到这些数据获取活动上。虽然它们看起来可能会导致生产效率降低，但实际上会以更个性化和更高效的体验形式为下游提供更有意义的回报。这是因为，随着时间的推移，用户将会看到你花时间了解他们和他们的经历，从而使互动更加个性化。此外，公司代表只需花更少的时间来衔接之前与用户互动背后的故事，从而提高生产率。

- **花时间回顾用户的信息。** 如果没有人使用这些信息，那么收集到的有关用户的数据和洞察就毫无意义了。如果可能的话，在你接触潜在用户或用户之前，花点时间回顾一下公司所掌握的他们的信息。例如：他们是谁，他们是做什么工作的，他们使用过什么产品或服务，最近是否有过投诉，以及他们在最近的满意度调查中是如何评价公司的。在某些情况下，甚至需要更明智地去回顾一些公开的信息，比如领英上用户的个人资料或 B2B 潜在用户的公司网站。显然，我们的目标是深思熟虑地使用这些信息，而不是令人感到被冒犯，所以不要觉得非得在客户面前一下子倒出所有信息，而是利用这些信息来打动用户，让他们知道你花时间去了解他们、他们的业务和他们的处境。你还可以使用这些数据来践行其他用户体验法则。例如，了解用户过去的互动历史可以为用户提供更加轻松的体验，因为他们不再需要向多个公司代表复述他们的故事。同样，了解用户拥有哪些产品，可以通过推荐与他们过去购买的产品相匹配的补充产品，在体验中创造更大的相关性。

- **邀请用户推动个性化。** 创造个性化体验的任务并不仅仅落在企业的肩上，因为预测用户的个人偏好尤其具有挑战性。让用户在这个过程中扮演这个角色也是完全合适的，因为还有一个额外的好处，那就是给予掌控感。邀请用户分享数据，并清楚地解释这样做的好处。这可以很简单，比如让他们界定对新闻通讯的内容偏好，或允许他们在不同的人口统计属性中自我识别。也可以更复杂，比如提供“按需定制”功能，用户可以根据自己的个人喜好创建完全定制的产品。

- **尽可能使用用户的名字。**在商务互动中听到或看到一个人的名字，会让人联想到某种程度的个性化。避免在通信中使用通用的称呼，比如“亲爱的用户”。工作上做好预先设置，通过公司代表或查询信息系统，获取和记录用户的姓名。在现场互动中，要注意使用用户的名字，尤其是在活动接近尾声的时候，他们最有可能记住这种个性化的信号。

- **尽可能使用你的名字。**个性化不仅仅是让用户觉得自己是一个有价值的人，还包括向他们展示提供帮助的代表也是有价值的。当公司代表使用他们的名字时，无论是接电话、写一封信还是在社交媒体上签名，这都能使他们变得更人性化。这让互动的感觉不再那么枯燥和“商业化”。相反，它会让人感到温暖和亲切。

- **为用户庆祝个人里程碑。**如果用户实现了一个重要的里程碑，无论是在他们自己的生活中还是在与你的业务关系中，都要强调并庆祝它。在什么时候以及如何做到这一点取决于业务的性质。例如，一位财务顾问可以给一位刚刚退休的老用户寄去一封手写的祝贺信；电信公司可以在用户服务开通 10 周年时给他们送一份象征性的小礼物；B2B 技术供应商可以发送一件纪念品，例如将用户项目团队的合影装裱成相框，以表彰系统安装的成功。同样的方法也可以应用于员工，庆祝其工作周年纪念、生日或获得新技能证书。

- **关注用户的生活事件。**指的是除了用户里程碑事件以外的需要庆祝的活动。思考各种生活事件如何改变用户的需求，无论是大学毕业、结婚、生子还是应对亏损。在这些情况下，个性化就是要以一种认可他们生活中的变化的方式吸引用户，这可以通过分享他们可能感兴趣的新信息来实现。例如，汽车保险公司可以主动为投保人提供所在州考取驾照的规则，以帮助用户家里即将达到开车年龄的孩子。在线零售商可以根据用户不断变化的情况推荐新产品，比如向一位多次购买孕妇装的女性推荐适合婴儿的产品。

- **记住用户反复要做的事并采取行动。**如果你的用户有周期性而且反复出现的要求，记录下来，并尝试主动帮他们解决。这可能是一种信息需求，比如用户在每年年底要求他们的会计师事务所提供一份特定的财务报告。这可能是对服务或商品的经常性要求，比如房主每年 3 月都会联系园林绿化公司安排春季大扫除，一位赛跑运动员每隔几个月就会订购新鞋子。无论要求是什么，如果它是反复出现的，并且在差不多的时间出现，那么在适当的时间主动联系或发起补货订单，让用户知道你很了解他们，这样他们就更省心了。

- **充分利用数字个性化。**鉴于平台的性质，数字渠道为个性化提供了独特的机会。网站、手机 App 甚至数字标牌都可以进行动态定制编码，根据用户过去的购买或浏览行为为用户提供量身定制的信息。例如，亚马逊的“为您推荐……”和奈飞的“因为您观看了……的页面”。在设计数字互动时要考虑到这种个性化。

- **与用户打招呼并保持眼神交流。**在与用户面对面交流的业务中，简单而礼貌的问候就能传递出个性化的信号，让用户感受到：企业在乎我和我的惠顾。例如，研究表明，在零售环境中，如果顾客在进入商店 10 秒内或走入 3 米内受到欢迎，他们对体验的整体印象就会更好。指导你的员工在工作中始终注意采用这种方法，因为一个简单的问候，加上一些眼神交流，就可以给用户带来明显的不同。

- **全神贯注地关注别人。**这个技巧已经在前面提过，是用于激发情感法则的。在这里也同样适用，因为如果被服务的人感觉不到你的全部注意力，那么个性化的体验感很快就会消失。把注意力集中在与你打交道的人身上，无论是用户还是员工。保持眼神交流，专注地倾听。避免分心，即不要看手机，不要在房间里寻找更重要的人等。当你全神贯注地关注别人时，他们会觉得自己很特别，就像 VIP 一样，这次会面会更具个性化的氛围。

真体验要领 FROM IMPRESSED TO OBSESSED

- 个性化体验与用户更相关，因为它是基于用户的需求、兴趣和历史量身定制的。
- 与其说个性化是为某一特定细分市场或人群定制体验，它更像是以外科手术的方式，专门针对个体的特质进行定制。
- 获取用户信息只是第一步，更重要的是在与用户互动前或互动时查阅这些数据，从而获取提供个性化体验的关键信息。

第 17 章

法则 11：为用户设计愉悦的惊喜

根据目录，这本书应该有 20 章，但我们就到此为止吧。

上一页是不是让你很意外？在读完这本书以后，你很有可能对这章的开头印象最深。

这是因为，无论是愉快的还是不愉快的意外都会烙印在我们的脑海中。当我们的大脑试图理解正在发生的事情时，突然出现的事情就会操控我们的认知资源，这是一种具有明显进化优势的自主反应。这就是为什么当某人走进突然为他准备的生日派对的房间时，会难以置信地僵在那里。当看到自己的朋友和家人不知从哪里冒出来时，大脑会短暂停滞。

400% 情绪放大器

大脑对意外事件的反应并不是理论上的，而是可以在生化层面被观察到的。当我们遇到新奇和意想不到的事情时，我们大脑中的神经递质就会以一种独特的方式被激活，形成对这一体验的长期记忆。此外，研究惊讶的顶尖专家之一塔尼娅·卢娜（Tania Luna）发现，这种惊讶的元素会将我们当时的情绪放大 400%。这也印证了我们在前文中提到的，强烈的情感会进一步加强我们对事件的记忆。在用户体验领域，意外是双向的：愉快的惊讶可以创造难忘的高峰，而不愉快的惊讶也可以创造难忘的低谷。

创造令人愉悦的惊喜需要偏离“脚本”。根据大脑的运作方式，我们对特定类型的体验有一定的预期，这就是“认知脚本”。这些脚本要么来自我们过去的经历，要么来自我们人生中积累的认知。

本章的开头就偏离了你的认知脚本。根据以往的经验，你知道如果一本书的目录上写着有多少章，那么你就会看到多少章。这一章的开头与你的阅读脚本不一致，这令你感到意外。

用户也有自己的业务互动脚本。例如，当你在餐馆就餐、网上购物、洗车或从 ATM 取钱时，你会想到一系列的事件是如何进行的。如果企业偏离了脚本，提供了更多理性或情感价值，那么它就会创造出一个弥足珍贵的高峰，从而塑造用户对这一体验的记忆。

推翻脚本

Pret a Manger（简称 Pret）是一家三明治咖啡店，在全球拥有 500 多家分店，其中大部分都位于品牌始创地的英国。人们普遍称 Pret 为快餐店，它以其独特的快速休闲餐饮方式吸引了一大批忠实的顾客。

这家连锁店只供应最新鲜的食物并引以为傲。所有的三明治、沙拉和面包都是每天在店里新鲜制作的，所以所有的食物都没有标明保质期，如果当天营业结束时还有剩余的食物，就会全部捐赠给当地的“食品银行”。顾客对 Pret 感到非常满意，不仅因为它提供了优质的食品和饮品，还因为它为社区慈善事业做出的贡献。但至少在一些顾客的心目中，还有一些东西让 Pret 与众不同。据统计，曾有大约 28% 的顾客拿着食品和饮料走到收银台，却被告知这一餐是免费的，这是 Pret 送给顾客的礼物。

这种做法显然推翻了人们外出就餐的认知脚本：吃三明治，喝饮料，然后去付钱。这是我们本以为会发生的情节。因此，当顾客得知至少这次是 Pret 请客时，他们就会感到无比惊喜。

就像所有优秀、差异化的用户体验一样，这种赠送是精心设计的。每家 Pret 门店每天都有发放免费食品和饮料的预算。每个商店的员工每周都被要求赠送一定数量的食物，而至于赠送给谁是他们自己的选择。赠送对象可能是一个他们经常见到的忠实用户，也可能是今天看起来心情不好的新用户。

这一举动可以被定义为品牌的一种善意行为，一定会让顾客的脸上露出笑容，并使其在 Pret 的体验更加愉悦和难忘。同样值得注意的是这一举动对员工的影响。想象一下，员工有权为顾客提供这些惊喜，并因此让顾客度过愉快的一天，这对他们来说是多么振奋人心的事情。

2018 年，Pret 被一家德国企业以 20 亿美元的价格收购，结束了连续 36 个季度的非凡销售增长。这一业绩的取得得益于其完美的用户体验：在非常便利的位置和令人愉悦的门店环境中提供优质、新鲜的食品和饮料。而通过免费送餐，Pret 为这种体验增添了一个独特的元素。他们以精心编排的方式颠覆了传统的脚本，给用户带来了完全出乎意料的东西。这反过来又创造了一个令人难忘的体验高峰，促进了重复消费（“不知道今天我能否再得到一杯免费咖啡”）和积极的口碑（“你肯定不会相信我今天在 Pret 经历了什么”）。

在与员工打交道时，推翻脚本同样有效，因为他们对老板的行为和与他们的互动抱有一定的预期。以积极的方式推翻这种脚本的企业主管可以吸引员工，培养更高的忠诚度。

赫布·凯莱赫是西南航空公司的联合创始人和前 CEO，他在任职期间被大家认为是航空业最好的 CEO。《财富》杂志甚至认为他可能是全美国最好的 CEO。凯莱赫也深受西南航空公司员工的爱戴，而他做到这一点的方法之一就是他做了人们认为 CEO 绝不会去做的事情。

感恩节前的周三是一年中最繁忙的旅行日，你猜凯莱赫会在哪里？他竟然正在西南航空公司总部达拉斯爱田机场的停机坪上，帮助搬运工从飞机上装卸行李。如果你是西南航空公司的行李搬运工，在一个客流量很大的日子里，你看到 CEO 与你并肩作战，想象一下，你会是什么感觉。

凯莱赫性格鲜明，也是一个非常聪明和真诚的领导者。通过积极的方式打破传统 CEO 模式，他不断地给员工带来惊喜，并给员工留下了朴实、平易近人和非常人性化的领导者印象。

想象一下你的角色和行业的典型认知脚本是什么，然后问问你自己，如何才能定期地偏离这个脚本，为体验注入愉快的、与品牌一致的惊喜元素？如果你能始终如一地坚持这一原则，那么创造惊喜时刻恰恰是可以让你脱颖而出的策略。

创建标志性元素

Pret 随机赠送食物增加了惊喜——顾客并不是每次都能得到免费的食物。即使他们可能从其他人那里听说过这样的故事，但许多人可能从来都没有得到过 Pret 的免费食物。

然而，有时在用户体验中可能会有令人惊讶的特征，而且这些特征会始终如一地重复显现。在这种情况下，最初可能是一个令人难忘的惊喜，最终会转变为意料之中但又有不同的体验。这些都是标志性的体验元素。对于全新的用户来说，他们会感到惊喜，因为这些体验偏离了标准脚本。对于回头客来说，这些标志性的元素变得司空见惯，但令人难忘的程度丝毫不减。事实上，对于忠实的回头客来说，它们是让这种体验变得特别和难忘的重要因素。

来看看在诺德斯特龙（Nordstrom）购物的经历吧。诺德斯特龙是一家非常成功的时尚百货零售商，以出色的用户服务而闻名，在百货行业中是一个异类。任何在诺德斯特龙买过东西的人都知道，与其他零售商相比，在这里的付款环节有点不同。

当你走近销售柜台，迎接你的是一位热情友好的诺德斯特龙员工。但与众不同的是员工在结账后所做的事情。付款完成后，诺德斯特龙的员工就会把商品装进包装袋，并从销售柜台后面走出来，微笑着感谢顾客，再把商品递给顾客。他们从不在柜台上伸手把商品递给顾客。员工接受过明确的培训，一定要走出柜台，直接与顾客接触，绕过他们与顾客之间的非人性化的物理屏障。

当第一次体验到这种感觉时，顾客就好像被送到了另一个星球—— 一个服务异常文明和人性化的地方。通过不断的重复，它就变成了一个与诺德斯特龙相关的独特的体验细节。这是一个最初令人惊讶，到后来始终有助于将自己与竞争对手区分开来的特征。

诺德斯特龙的案例强化了我们在前面提到的星巴克更换咖啡机案例所阐述的一个关键点：有时候，最好、最吸引人的用户体验并不一定是最高效的。诺德斯特龙明白他们这是在为顾客表演。让员工在每笔交易结束后走到收银台前，确实会降低员工的工作效率，但它也有利于诺德斯特龙体验的差异化，所以这是零售商有意识地在生产率与表演之间做出的权衡。

诺德斯特龙当然不是唯一一家在顾客体验中加入标志性元素的公司。例如，逸林酒店（DoubleTree）的客人很可能会向朋友讲述他们在办理入住手续时得到一块热巧克力曲奇的经历。值得一提的是，这家连锁酒店在疫情期间公布了这些曲奇的秘密配方，为不能旅行的常客提供了一些情感上的慰藉。谷歌搜索用户对每天都会出现在同名搜索引擎主屏幕上的“谷歌涂鸦”很感兴趣，因为它突出了历史事件、节日庆祝活动和其他一些重要的问题。西南航空公司的乘客非常期待他们在飞行前所看到的空乘人员滑稽而又非常规的飞行安全演示。这些都是知名品牌添加一些额外的元素（起初是出人意料的）以使自己与众不同的例子。

然而，有一点需要注意：**虽然惊喜是用户体验差异化的有效工具，但它们只是“最好具备”的元素，不应该优先于“必须具备”的元素**。想象一下，如果一位诺德斯特龙的顾客走进鞋店，等了 30 分钟才找到一位销售助理过来帮助他。那样即使诺德斯特龙的员工在柜台后做一个特别令人惊讶的动作也挽救不了顾客不满意的结果。用户仍然可能带着不愉快的印象离开，这是由于长时间等待带来的体验低谷所造成的。

因此，虽然为用户体验注入惊喜是一种有趣的实践，但一定不要过早地关注这项技术。重要的是，在转向更高级的差异化因素之前，始终坚持在体验中加入必须具备的基本元素，比如平易近人的销售人员。

真体验实践

如何传递惊喜

- **打破固有认知。**想想你的用户或员工他们的脑海里的认知脚本，然后思考如何推翻这些脚本，引发积极的惊喜感，从而区分体验并加强人们对它的记忆。
- **坚持品牌定位。**与用户体验中的任何东西一样，惊喜元素应与品牌定位保持一致。西南航空公司幽默的飞行安全演示之所以给乘客留下了深刻的印象，一部分原因就是“快乐飞行”是其品牌核心。但对其他一些组织来说，幽默和轻松的感觉不一定适合作为惊喜的工具。关键是要考虑你的品牌定位和行业规范，然后确定体验的特色，这些特色将为体验增加一个不同寻常但令人愉快的转折。
- **打破常规，创造惊喜。**通过捕捉我们体验中的模式，认知脚本帮助我们的大脑在世界遨游，并为我们的生活带来令人舒适的可预测性。有时，我们观察到的这些模式不那么令人愉快，比如超市的收银台附近排着长长的队伍，健康保险公司的福利条款令人费解，装修承包商留下烂摊子，老板与员工脱节。反思与你所在行业或职位相关的不利模式，考虑如何颠覆这些模式，打破常规，提供令人耳目一新的独特体验。

- **惊喜到来前不要设定期待。**前面我们介绍了设定预期以创造掌控感的价值，并解释了如何通过消除人们生活中的不确定性来增强用户体验。这条法则有一个例外，那就是当你在试图策划惊喜的时候，为了给潜在用户、现有用户或员工留下深刻的印象，你不应该向他们透露即将到来的惊喜。例如，“我记得你说过你是个历史迷，所以我要送你一本多丽丝·克恩斯·古德温（Doris Kearns Goodwin）的新书”。相反，为了放大这个举动的影响，应避免设定任何期待，让惊喜自己说话。

- **降低期望值，增强惊喜感。**另一种创造惊喜的方法是，当你知道你可以超越用户的期望时，故意降低他们的期望值，来增强用户的惊喜感，比如你面临一个看似困难但你有信心处理的请求。假设有一大群人没有预订就来到一家餐馆，询问是否有 10 人桌。主人很清楚还有空位，但他却先告诉客人今晚很忙，不确定是否还有空位，他需要去看看，从而先降低客人的期望值。几分钟后，他回来高兴地告诉他们：“我们挪了一些东西，你们绝对坐得下，请到这边来。”这时，他已经以一种偏离他参与编写的脚本的方式安排了这种互动。

- **传递品牌善举。**不幸的是，用户和员工的认知脚本中经常缺失的一件事就是善意的举动。员工似乎已经习惯了被当作收入来源或工人。因此，通常低成本的简单的善意举动可以成为创造惊喜的绝佳工具，比如手写的感谢信，纪念个人或职业里程碑的象征性礼物，打个电话询问某人的近况等。体验式的惊喜并不需要花费太多就能产生效果。简单的共情、善良或体贴的举动可以在很大程度上让体验变得难忘。

真体验要领

FROM IMPRESSED TO OBSESSED

- 惊喜是记忆的制造者。偏离“认知脚本”，故意在体验中注入令人惊喜的元素，有助于实现体验的差异化，创造一个弥足珍贵的高峰时刻。
- 随着时间推移，惊喜元素若持续重复，将会成为公司用户体验的标志性特征。虽不再让老用户惊喜，但其独特功能仍可实现差异化并提升体验。
- 惊喜是“最好具备”而非“必须具备”的元素。始终确保用户体验已具备基本要素，再融入一些最好具备、意想不到的元素。

第 18 章

法则 12：优雅地补救危机

即使是最受欢迎的传奇公司，也不能避免用户体验方面出现问题。然而，这些传奇公司的不同之处在于，当问题发生时，他们不会让用户产生不满或成为品牌的诋毁者。相反，这些伟大的公司能够意识到，如果能够在补救的过程中予以纠正，那么不仅有机会修复用户关系，而且还会加强用户对品牌的积极印象。

如果在补救过程中可以很好地执行，就能够在体验过程中创造一个高峰，这个高峰有别于其他高峰，将是一个在互动结束之后出现的高峰。根据完美收官法则，这意味着卓越的补救会对用户感受和记住整个体验产生巨大的影响。简而言之，**完美的补救实际上可以掩盖问题本身的负面影响，创造出比问题发生之前更忠诚的用户**。

人们对这种现象进行了大量的研究，并创造了一个术语来描述它——“服务补救悖论”。这是研究人员基于对各种用户互动渠道进行观察得出的结论，这些互动渠道包括社交媒体、电话服务和面对面的接触。

关于“服务补救悖论”的讨论并不是建议企业应该把“失败”设计到用户体验当中，从而以出色的补救让用户惊叹。事实上，提高忠诚度的补救是一门微妙的艺术，它的成功取决于各种难以掌控的因素，比如用户对问题严重程度的看法，以及公司对此的责任。

然而，一次有效的补救至少可以减轻由用户体验问题所引发的一些不利感受和负面情绪。在某些情况下，有效的补救可以发挥更大的作用，甚至可能将不满意的用户变成忠实的品牌拥护者。

失败补救：飞机上的蛆虫

在用户体验当中出现的问题，如果不能有效地处理，就会成为一场暴风雨。它们增加了用户的认知努力，因为他们必须花时间等待解决方案，还会不停抱怨；它们会引发负面情绪，因为这些问题往往会激怒用户，使他们处于弱势；它们会削弱掌控感，因为用户感到无助，不得不依靠他人或其他公司来解决这一难题。这些问题只会带来不愉快的惊讶。

这些令人难忘的体验低谷，深深地刻在用户的记忆中。这就是为什么我们每个人都有遭到某些企业不公正对待的“个人战争”的故事，我们可能会在办公室的茶水间里、鸡尾酒会上、家庭聚会上，或者在一本关于用户体验的书里重述这些故事。我在这里分享的个人故事很好地说明了不进行补救的后果。

2010 年 6 月 28 日下午两点，全美航空公司（US Airways）1537 号航班从亚特兰大哈兹菲尔德 - 杰克逊国际机场出发，飞往北卡罗来纳州夏洛特。当飞机滑行到跑道上时，飞机中部附近出现了一阵骚动。“那边有一个……”乘客德西蕾・威廉姆斯 - 哈勒尔大喊，她和坐在她旁边的其他人都惊慌地从座位上站了起来。

坐在她前面的一位女士注意到自己的衣服上有些东西。她以为这是一撮绒毛，就去把它拿掉，结果发现它是黏糊糊的，还活着。很快，当乘客意识到发生了什么事情的时候，骚动蔓延开来。蛆虫从头顶的行李舱中掉出，落到下面毫无防备的乘客身上。在那个炎热的夏日，对于乘坐这趟航班的人来说，“飞机上的蛆虫”并不是一部低成本恐怖电影的标题，而是一个令人崩溃的现实。

飞行员通过广播系统宣布，由于发生了“轻微干扰”，飞机将返回登机口。空乘人员坚持让所有乘客留在自己的座位上，包括那些仍然有蛆虫如雨滴般掉落到头上的不幸乘客。

回到登机口后，所有乘客都下了飞机，但那些坐在飞机后半部分的乘客必须留下随身携带的行李。一个危险品处理小组登上飞机，找到了蛆虫的来源。它们是从一个装腐肉的容器中爬出来的，该容器是由一名乘客带上飞机的。谁不喜欢在出行时带些肉制品呢？但是没有人能理解，为什么这位乘客没有把它装在密封好的容器里？后来，全美航空公司的机组人员花了两个多小时进行了清洁，乘客们重新登机，并于当晚抵达夏洛特。

这显然是一次乘客体验的负面事件，但值得注意的是，最初这并不是航空公司的错。航空公司怎么能想到有乘客会携带有蛆虫的肉制品？然而，即使企业不对体验问题承担直接责任，他们对事件的回应及处理仍然会影响用户对该事件的印象。当时，全美航空公司由于该事件被旅客评为“最糟糕的航空公司”。这给我们上了一堂课，告诉我们当出现体验问题时应该怎么做。

大量的失误都是由于事发当天严重缺乏沟通。全美航空的登机口工作人员未能及时向乘客提供飞机延误的最新信息，甚至未明确告知航班是否会被取消。乘客们非常迷茫，不知道是应该尝试改签其他航空公司的机票，还是冒着不得不在亚特兰大度过一个计划外的夜晚的风险继续等下去。

之后的沟通更加糟糕。这家航空公司的办公室用了 9 天的时间才向受到刺激的用户发邮件道歉，而且道歉信本身也没有起到任何作用。他们称呼顾客的方式很拙劣，只使用了乘客的姓氏（“亲爱的皮科特”，他们是这样称呼我的）。此外，该航空公司对乘客造成的不便给予赔偿的诚意也很糟糕。他们提供了日后旅行的优惠券，根据预订的旅行费用，减免金额从 25 到 100 美元不等。此外，这些代金券还有各种各样的使用限制，如它们的有效期仅为一年，仅适用于往返旅行，仅适用于 150 美元及以上的机票，且不能通过在线预订兑换使用。

说实话，航空公司对这种情况的处理确实是与有效补救体验的方法背道而驰。我们需要结合实际的情况来看一看：你的飞机上坐满了乘客，他们被延误了两个多小时，许多人无疑错过了在夏洛特的转机；还有一些乘客经历了一场蛆虫从他们的头顶上落下来的噩梦，更多的人因为坐在一架蛆虫横行的飞机上感到恶心，他们不知道有多少令人作呕的虫子爬进了自己的随身行李袋。基于这一切，你可能只会从全美航空公司得到微不足道的 25 美元赔偿，而这一赔偿金只能通过再次乘坐这家曾让你痛苦的航空公司的航班来使用。

似乎这一切还不够糟糕，要知道，当 1537 号航班最终抵达夏洛特的停机坪时，乘客们不得不等 10 多分钟才能下飞机。因为机场的工作人员在连接飞机廊桥通道的过程中出现了延误，在没有特殊情况发生的前提下，这也许是一个可以容忍的疏忽，但在这种特殊情况下，这是让人无法忍受的。

现在，设想一下，如果全美航空公司能够以恰当的方式进行补救将会是什么样的？当乘客从这架满是蛆虫的飞机上下来时，航空公司给他们每人发放一张餐券，这样他们就可以在接下来的几个小时的延误过程中享用一些餐食或饮料。亚特兰大登机口的工作人员预先提供了延误的预估时间，然后每半小时准时发布一次状态更新。在航班重新起飞的过程中，航空公司就给机上所有人都发一封道歉信。在抵达夏洛特后，当你打开电子邮箱，发现全美航空公司的办公室非常及时地发来了一封邮件，对航班延误表示歉意，并提供了令人印象深刻的补偿形式，例如，一张美国大陆任何地方的免费往返机票，或者亚特兰大至夏洛特的 50% 现金退款。最后，想象一下，全美航空公司夏洛特机场机组人员得知了航班的情况后，自行安排了一个快速的下机程序，在飞机停好后迅速打开飞机舱门让乘客下机。

这些都是航空公司为了扭转用户口碑应该做的事情，这样，乘客就不会在第二天的饮水机旁只谈论机舱里的蛆虫，反而会谈论全美航空公司对航班中断做出的令人惊叹而又周到的应对，他们甚至会觉得其他航空公司都做不到这一点。

然而，这些都没有发生。对于乘坐 1537 号航班的乘客或在晚间新闻上看到该事件的人来说，这起事件只是加深了全美航空公司多年来的不良声誉。对于全美航空公司来说，他们错失了一个机会，他们本可以通过一些急需的积极的举措来弥补其明显负面的品牌形象，却最终演变成一场灾难性的公关危机。这无疑是一次失败的补救。

完美补救：丽思卡尔顿的礼服

是时候换换口味了。让我们把目光转向另外一面，看一看什么才是真正的用户体验补救。这也是一个真实的故事，取材于我的个人经历。这绝对是体验补救的大师级课程，但除此之外，它还很有说服力地说明了如何综合运用 12 条法则来创造传奇。

那是 21 世纪初，我担任一家财富 100 强保险和金融服务公司的高级副总裁。这家公司和业内的许多其他公司一样，每年都会为表现出色的销售代表举行表彰大会。这是销售人员所能够获得的最高荣誉之一，会议举办的场地也反映了这一点。这些费用全免的活动都是在最豪华的度假酒店举行，这是 CEO、高管团队与一流的销售代表共进晚餐的完美场所。

这一年，活动在佛罗里达州那不勒斯美丽的丽思卡尔顿酒店举行。议程包括一场正式的晚宴，届时将为出席者颁发奖项。

对于男性来说，为一次正式的晚宴做准备要比女性容易得多。如果你有一件燕尾服，你只需把它从衣柜里拿出来，然后装进包里，基本就搞定了。如果你没有燕尾服，可以去租一件，这也很容易。

然而，对于女性来说，情况就复杂得多了。我的妻子在这次行程中一直陪着我，她在活动前花了几个星期的时间来寻找一套完美的晚礼服。最终她找到了一套非常满意的礼服，接着又买了鞋子和其他配饰。这让她看起来非常漂亮。

在临近活动前，我们登上了前往佛罗里达的航班。当抵达那不勒斯丽思卡尔顿酒店，办理入住登记手续后，我们打开了行李。这时，我的妻子发现她的晚礼服在旅途过程中起了褶皱。于是，她决定把这条裙子拿去酒店干洗，一个晚上就可以熨烫好。第二天，酒店把裙子送到我们的房间，就在那时，我的妻子又发现了一个可怕的事情：褶皱的确消失了，但裙子也缩水了好几号，不能再穿了。

正如我妻子在讲述这个经历时所叙述的那样，这简直是世界末日的场景。这比在正式晚宴上，看到另一个女人穿着与自己相同的裙子还要糟糕。毕竟，距离晚宴只有几天的时间了，而现在，我的妻子完全没有什么可穿的礼服了。毫无疑问，她吓坏了，简直就像疯了一样。

我打电话给酒店的前台，要求和经理通话。他接了电话，我向他说明了情况。我永远不会忘记他平静地回答说："皮科特先生，我会帮你处理好这件事的。"

我们可以停下来想一想：你有多长时间没有在一家公司听到有人把别人的事情当作自己的事情一样来处理，并且不只是口头上说说，而且是认真的承诺。不仅如此，而且这家公司的员工说到做到。

但是，令人惊叹的是，丽思卡尔顿酒店的经理真的做到了。他安排了一辆豪华轿车带着我妻子去了那不勒斯的一家高级百货商店，还安排了他在店里认识的一位造型师来迎接我的妻子，在我妻子寻找新的晚礼服的过程中，尽可能多地陪着她。这位造型师确保我的妻子得到了来自多位工作人员无可挑剔的服务，包括礼服、鞋子、珠宝、内衣各部门，在她试穿时，他们都围绕着她。

我的妻子在丽思卡尔顿酒店安排的这次行程中选中了一件礼服，以及配套的鞋子和首饰。那天晚些时候，她回到了我们入住酒店的房间，穿着新礼服，感到无比轻松。这一下子就缓解了我妻子的负面情绪，她又一次对这场正式晚宴充满了期待，因为她知道自己穿上这身新礼服会很好看。

现在，重点来了：丽思卡尔顿酒店支付了全部的费用，包括他们安排豪华轿车送她去商店的钱，新礼服、鞋子和配饰的钱。他们支付了全部费用。这就是令人印象深刻的体验补救？不过你要等等，还有更大的惊喜。

过了几天，到了正式晚宴的夜晚。我们在酒店房间换衣服，当我穿好了燕尾服时，我听到妻子的一声惊呼。我走近她问："丽贝卡，怎么了？"

她指着裙子的底部，惊恐地看着我说："乔恩，商店的防盗扣还在我的裙子上！店员忘了把它取下来！"

我赶忙告诉她不要担心，并断言没有人会看到它。这个回答并没有让她接受，我当然也没有因此获得任何情感上的加分！

晚宴还有不到一个小时就要开始了，我惊慌失措地打电话给前台，要求和酒店经理通话。他接了电话，听了我的叙述，又对我说了那句难忘的话："皮科特先生，我会帮你处理好这件事的。"

过了一会儿，有人敲响了我们酒店房间的门。我打开房门后，看到了丽思卡尔顿酒店的经理。在他旁边是百货公司的一名造型师，酒店经理让他从商店带来了防盗扣去除器。造型师就跪在我妻子的面前，从她裙子上取下了内有墨水的防盗扣。墨水一点儿也没有溢出，裙子上也没有留下任何洞，他们在晚宴开始前的20分钟搞定了这件事情。这是令人印象深刻的体验补救？不过等等，还有更大的惊喜！

晚宴在下午6点开始。我们提前几分钟就到达了宴会厅，确定了座位后，走向餐桌。因为是第一批到的，所以我们就先坐下了。在等待其他人来的时候，我低着头看着晚宴菜单，决定要点些什么。然后，突然，我听到了鼓掌的声音。

我抬起头。在桌子的尽头是丽思卡尔顿酒店经理和他的员工。他们都在鼓掌，为我妻子的美丽而喝彩！

整个情节让人想起了经典电影《风月俏佳人》（*Pretty Woman*）中令人难忘的场景。在这部电影中，细心的酒店经理安排了一位高档商店的造型师，为茱莉亚·罗伯茨（Julia Roberts）饰演的女主角设计了正式晚宴的造型。当罗伯茨穿着惊艳的裙子走进酒店大堂时，酒店经理和他的员工惊叹地凝视着她。我们在丽思卡尔顿的经历就像《风月俏佳人》重现了一样，真的让人难以置信。

这是一个很棒的故事，但你不应该仅仅把它看作是一个有趣的故事。这是一次典型的用户体验补救，对于任何企业来说都有借鉴意义。原因如下：在整个过程中的某个时刻，丽思卡尔顿酒店经理不再关注补救工作的后勤问题，比如，我该如何修理皮科特太太的裙子，是否要给她买一件新的。在某种程度上，他不再关注这些事情，而是把注意力转向了别的事情，比如：我该怎样让皮科特先生和太太感到自己与众不同呢？

他一定是在那时想出了这个绝妙的主意，和他的工作人员一起去参加晚宴，并起立为我的妻子鼓掌。这真是太精彩了，因为后来无论我在哪里谈论这个故事，比如在书里、演讲中、私下交谈时，我传达的都不是丽思卡尔顿酒店如何把我妻子的晚礼服缩小到芭比娃娃那么大，而是他们如何设计了世界上最伟大的补救服务。因此，最终我只是为丽思卡尔顿品牌增添了传奇色彩和光环。

没有什么能阻止你和你的组织像这位酒店经理一样拥抱同样的体验补救理念。原因就是，他所采用的处理事件方法的核心就是使用简单的技巧——承担责任，即一个人站出来，自信地对一个受委屈的用户说："我能帮助你，让我来处理这件事。"

虽然经济赔偿在这次补救中显然很重要，但真正将这段经历提升到传奇地位的是一些其他的事情，同样，这是所有企业都能做到的。酒店经理的智慧在于，他不仅专注于他和他的团队所提供的体验机制，还同样关注如何让用户感到自己与众不同。当他以一种优雅的方式进行补救时，一切就完全不同了。

真体验实践

如何优雅地补救危机

- **通过补救将危机转化为机遇。**当用户体验出现问题时，不要无所行动，任其自然发展。将这些问题视为一个机会，一个将负面印象转化为正面印象的机会，通过快速、干练和热情的补救给用户留下深刻的印象。
- **回应不满的用户。**这听起来似乎很轻松？事实并非如此。几年前，当用户的接触主要局限于面对面和电话互动时，很难忽视受委屈的个人。然而，今天，遇到体验问题的用户很可能是通过数字渠道表达他们的失望，而企业不太容易做出反应。不要让这种事发生。无论用户用什么渠道表达他们的不满，都要让他们参与进来。仅仅承认他们的不满并表示同情，就能开始平息用户的愤怒，并向他们表明你正在努力帮助他们。

- **紧急补救。**当发生故障时，不仅要响应，还要快速响应。在情绪激动的情况下，用户觉得自己在某种程度上受了委屈，会失去耐心。用言语和行动证明，解决他们的问题对你来说是非常重要的。

- **主动承担责任并采取行动。**当出现了问题，用户习惯了企业的逃避，习惯了被转移或引导到另一个部门去解决。这就是为什么当你清楚地、毫不含糊地承担起纠正错误的责任，或者至少减轻问题的影响时，这会立即有助于改善互动的基调。当然，仅仅宣称承担责任是不够的，尽管这可能会让用户平静下来，为你争取一些时间。但更重要的是你随后采取的行动，你应该按你承诺的去做，这才是决定补救是否成功的关键。

- **赋予员工补救的权限。**即使员工想要承担责任并帮助陷入困境的用户，他们也经常受到工作设计和工作制度的限制，无法充分发挥自己的能力。因此，沮丧的用户通常会听到这样令人讨厌的话："稍等，让我的主管来帮你解决。"当一线员工有权去做到这一点时，策划一次伟大的、增强忠诚度的补救就要容易得多。在丽思卡尔顿酒店，每位员工都有权为每位客人支付高达 2 000 美元的费用，以弥补体验上的问题，这不足为奇。实际上，员工很少会用完这些钱。事实上，也许这项规定最大的价值不在于它对用户的意义，而在于它向员工发出的信号：丽思卡尔顿管理层相信你能掌控局面并能以一种优雅的方式进行补救。在体验补救的方法上指导你的团队，提供决策"指南"来帮助他们磨炼自己的判断力，然后赋予他们照顾用户的自主权。

- **准备好离线对话。**在解决复杂问题时，当通信仅限于异步数字媒体（如社交媒体消息或电子邮件）时，设计一个有效的补救方案可能颇具挑战性。这对用户来说是非常令人沮丧的，他们只是想有交谈的机会，以迅速解决自己的问题。要对这一点保持敏感，随时准备将对话转移到离线或同步数字交流平台，比如语音聊天或文字。在体验出现问题时，你最不应该做的事情就是躲在屏幕后面。

- **全面考虑对用户的影响。**当体验出现问题时，企业倾向于以一种非常狭隘的心态来处理补救工作。他们考虑的是狭义的补偿，而不是整体的补救。举个例子，一家航空公司丢失了一位国际商务旅客的行李。他们倾向于只关注与他们的产品和传统责任范围有关的补救机制：他们要求乘客填写索赔表，然后对行李进行追溯，在之后的某个时刻，根据他们的运输条款支付补偿性损害赔偿金。但航空公司忽视了问题对用户真正的影响：一个在异国他乡的商务旅行者，不会说当地的语言，不熟悉周围的路线，也不知道明天能穿什么去参加与重要客户的会议。现在，想象一下，如果航空公司的行李认领处能够多走一步，为旅客提供一份当地销售商务服装的商店清单，那肯定会给乘客留下深刻印象，并缓解行李丢失带来的一些物流和情感上的困扰。为了实现令人印象深刻的补救，要广泛考虑体验出现问题对用户的影响，然后创造性地设计补救方法，使体验完整。

- **做数学计算。**在用户体验补救上花多少钱会比较合适呢？众所周知，获得新用户的成本要高于留住现有用户的成本，这一事实本身就为投资用户体验补救提供了合理的理由。然而，从用户对企业的终身价值的角度考虑也是合理的。丽思卡尔顿酒店非常明白这一点，无论是对我和我妻子（作为未来可能光顾丽思卡尔顿任何一家酒店的个人），还是对正在参加活动的公司（一个可以在任何一家丽思卡尔顿酒店举办大型活动的公司用户）。这样算来，酒店花在我妻子新裙子上的钱，相对于这些用户的终身价值来说，就显得微不足道了。当问题出现时，所有用户都应该得到尊重，但在决定应该在多大程度上“超出上限”来设计补救时，用户的终身价值可能是一个有用的数据点。

- **利用问题来推动持续改进。**虽然有时可能很难相信，但实际上，任何企业出现用户体验问题的原因是有限的。可能是一个很长的列表，但也仅仅是一个有限的列表。所以，将每一次失败都作为解决问题的机会是至关重要的，不仅仅是为单个用户，而是为所有用户。一旦补救完成，危机时刻过去了，复盘最初出现问题的原因。沟通不畅？角色和岗位职责？系统错误？不再适用的商业策略？不管是什么问题，试着找出根本原因，如果可行的话，解决它，这样它就不会在未来影响到其他用户。这是一种需要确保随着时间的推移，有限的用户体验问题列表逐渐缩短，体验本身就会逐渐变得更好的训练方法。

真体验要领

FROM IMPRESSED TO OBSESSED

- 即使是最好的公司，也会在用户体验上出问题。当问题不可避免时，通过充分补偿的补救措施、特别的响应速度和紧迫感，将负面问题转为正面印象。
- 令人印象深刻的补救可以创造一个体验高峰，使关于问题本身的记忆黯然失色，并为用户塑造更正面的记忆。
- 相比于吸引新用户，维护现有用户的成本更低，并且忠诚客户所能创造的终身价值通常极为可观，可以依据用户的终身价值来确定补救措施的上限。
- 把每次出现问题都当作解决问题的契机，持续练习，随着时间推移，用户体验中的问题将被逐步攻克。

FROM

IMPRESSED

第五部分

创造让用户终生难忘的真体验

TO

OBSESSED

不仅创造体验，
更要塑造记忆。

第 19 章

顶尖企业如何用 12 条法则赢得市场

前面说过，12 条法则很少单独发挥作用。例如，如果你知道一家公司或老板很重视你，你一定会产生一系列积极的情绪。个性化体验可以创造出惊喜，比如行李员看了一眼你的行李标签，就能叫出你的名字。注重细节可以帮助你优雅地补救与用户之间的关系，比如一封手写的道歉信。

12 条法则是相互促进的。它们相互配合，就像一场精彩演出中的演员或一支备受赞誉的管弦乐队中的乐器一样。当 12 条法则被同时使用时，它们就成为企业或个人用以培养用户参与度和忠诚度的强大工具。

重要的是，这并不意味着必须使用所有 12 条法则来实现用户体验的差异化。12 条法则是用户体验设计的基本核心，但这并不意味着它们需要被应用到所有地方。例如，许多人喜欢拉斯维加斯赌场的体验，但你不能说赌场真正地维护用户利益，从本质来看，赌场只是为了获利。折扣杂货连锁店奥乐齐有一群狂热的粉丝，它的顾客体验评分在所有行业中都是最高的，但它的店内体验并不轻松：顾客必须以 25 美分的价格租一辆购物车，还要自己打包商品。在前面的章节中我们也看到了，西南航空公司虽然已经被公认为用户体验的佼佼者，但在飞机上也无法提供个性化的体验，因为公司没有预先分配座位，空乘人员也根本不知道谁会坐在哪里。

所有这些相似的案例都表明，12 条法则中的每一条都不是实现卓越的必要条件。有些是基本的，比如创造高峰、避免低谷，这是影响用户记忆的必要条件；还有创造相关性，这是确保向用户交付有价值的东西的必要条件。但对于其他法则来说，这是强调与你的品牌承诺相一致并能引起你的目标对象产生共鸣的法则。因此需要知道你想要凭借什么来与众不同。

对于赌场来说，与众不同的就是游戏的刺激，是对赢得大笔奖金的兴奋，无视赔率有多高。赌场不是把重点放在拥护用户利益上，而是放在情绪的煽动上。

奥乐齐帮助那些将杂货店购物视为一种实用主义行为的人，让他们以实惠的价格买到优质的商品。奥乐齐不关注轻松的购物体验，而是通过严格限制产品的选择来简化购物的过程。同时还努力唤起积极的情绪，让顾客在找到物美价廉的商品时感到兴奋，这样他们就能在自己关心的东西上花更多的钱。

至于西南航空公司，他们一直以实现飞行平民化而闻名。他们通过强调其他法则来弥补在个性化方面的不足，比如他们通过透明的定价来维护用户的利益，从而避免诸如行李托运费和改签费等这种令人讨厌的行业惯例。他们为乘客提供非常贴切的体验，比如在准点率等关键指标上始终表现出色。他们把友好而又有趣的员工安排在乘客的面前，用来激发乘客的积极情绪。这些员工通过幽默的安全演示给乘客带来惊喜，即使是最紧张的旅行者也会露出笑容。

在本章中，我将介绍一些公司，它们通过有目的地运用 12 条法则中的部分但不是全部要素，在竞争中脱颖而出，并因此取得了竞争优势。有些公司你肯定听说过，有些公司你可能会在不久后了解它们。它们都是利用这些法则以一种能够与目标用户产生强烈共鸣的方式将自己的产品与其他公司的产品区分开来的绝佳典范。

苹果公司的 iPod：史上销售最快的音乐播放器

无论以何种标准衡量，苹果的 iPod 都是历史上最成功的产品之一。在短短五年半的时间里就卖出了 1 亿部。iPod 在《财富》杂志 2020 年“100 个现代最伟大的设计”中排名第 10。可以说，正是这款产品将苹果从财务危机中拯救出来，使其从 1997 年濒临破产的边缘一跃成为 10 年后华尔街的“宠儿”。在 iPod 上市后的五年半里，苹果的股价上涨了近 1 000%。

我们已经介绍过 iPod 和 iTunes，解释了两者之间如何通过无缝衔接创造出轻松的音乐下载和收听体验，从而击败了竞争对手。事实上，iPod 的成功也离不开 12 条法则中的多条法则，其中有些是针对 iPod 的，有些是针对该类别产品的。

- **易于使用。**就像火箭的燃料一样，这一法则将 iPod 和 iTunes 推上了行业的巅峰。与市场上的其他选择相比，它操作十分简单，因而人们愿意花 99 美分购买歌曲，而在当时，人们完全可以通过其他渠道免费获得这些歌曲，只是更费力罢了。

- **给予用户掌控感。**iPod 和 iTunes 的组合为用户提供了各种欣赏音乐的选择，用户可以通过台式电脑、便携式播放器或定制刻录的 CD 欣赏音乐。因此，它给予了用户一种掌控感。

- **为用户定制个性化体验。**iPod 使人们能够把他们喜欢的所有歌曲放在口袋里，并可以根据心情或需要对播放列表进行调整。当使用 iPod 时，人们不只是在听音乐，而是在听自己喜欢的音乐。

- **激发情感共鸣。**iPod 和 iTunes 的操作方式让用户充满信心。例如，用户知道他们将获得每首歌曲的官方版“纯净”拷贝文件，这是其他音乐文件共享服务远远不能保证的。听音乐本身就是一种情感活动。古典音乐使人平静，得到抚慰；摇滚乐使人振奋；以节日为主题的曲子可以创造欢乐。口袋里的 iPod 不仅仅是一个音乐播放器，还是一种可以激发情感的工具。

- **设计每一处细节。**苹果以注重细节而闻名，其产品设计简单而优雅。甚至当音乐流媒体播放时，苹果公司选择在 iPod 屏幕上显示的词语也具有重要意义：正在播放。这个词，可以在潜意识里给 iPod 的听觉体验注入一种戏剧性，就好像一场特别的演出正在为你上演。

宜家：靠体验成为全球最大的家具零售商

如果你在宜家买过家具，你可能会告诉我们一个关于产品组装的故事。在全球范围内，这家瑞典零售商以其家具经济实惠、功能齐全、外观现代吸引了一批忠实的追随者。唯一的问题是，你必须自己进行组装。

宜家以其独特的、极简主义的、无文字的组装说明而闻名。那些令人困惑的组装说明常常会引发很多的家庭矛盾，因为有时仅仅依靠安装流程图很难组装成功那些复杂的家具，如图 19-1 所示。

从宜家购买家具并非易事。除了耗时且经常令人恼火的组装工作，宜家巨大的蓝黄相间的展厅也使人感到不太方便。即使确切地知道自己想买什么，顾客也必须穿过迷宫般的展厅，才能到达仓库的楼层进行购买。

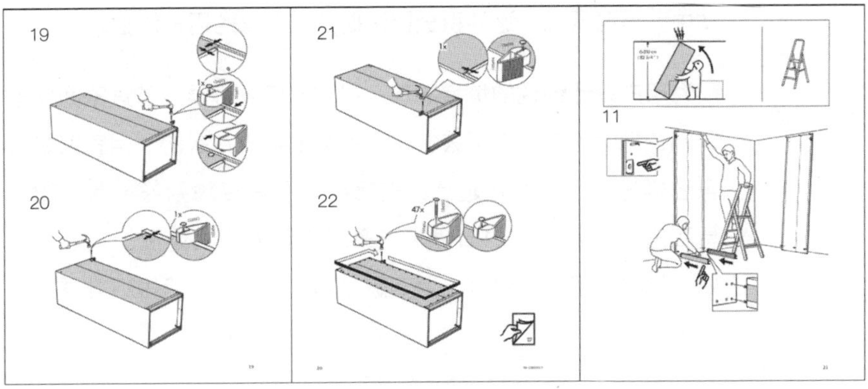

图 19-1　选自宜家家具组装手册

然而，宜家的用户体验在其目标用户中却产生了非常强烈的共鸣，它经常在零售类别的用户体验排名中名列前茅。宜家十分了解自己的目标市场，向用户清晰地表达了自己的价值主张，并设计出一种体验，尽管并不轻松，但运用了许多其他法则。

- **创造与用户需求的相关性。**我们在前面介绍了宜家家居广场 App 所创造的相关性，因为它可以让用户在购买家具之前，使用增强现实技术查看家具在家中的摆放效果。在店里，通过基于房间的家具展示也可实现类似的效果，因此用户可以更容易地在适当的环境中看到每一件独立的家具。宜家还提供免费的店内育儿托管服务（Småland），这是一项非常实用的增值服务，适用于那些需要安静地逛商场和购买东西的父母或监护人。

- **激发情感共鸣。**谁不喜欢实惠？宜家的家具很时尚，经济实惠。当顾客能够以低于其他地方的费用购买家具甚至布置整个房间时，他们就会很高兴。这让他们有了一种“打破系统”的积极情绪，节省下的钱可以用来做其他想做的事。此外，虽然组装家具很耗时费力，但许多自己动手的消费者会从亲手组装家具的劳动中获得自豪感，这种积极情绪提升了宜家的用户体验。

- **为用户设计愉悦的惊喜。**从入口到出口，必须沿着宜家商场里单向、弯曲的路径走下去，这会不会很烦人？是的，但宜家是有意这样做的，因为这趟迂回的旅程让顾客接触到各种各样的家具和房间设计，为他们带来了意想不到但令人愉悦的发现，例如，你看上了一款台灯，但实际上它并不是你来店里特意寻找的那个。

- **保持认知简单。**源于斯堪的纳维亚设计的宜家家具富有简单、极简主义的美学特点。除了为宜家的目标市场创造视觉吸引力外，这种简单还提高了运营效率，因为家具更容易被生产。这又使宜家价格实惠，维持了价格的可承受性，这是其用户相关性的核心，也是关键的竞争优势之一。

BILT：美国发展最快的私营企业之一

烧烤架、吊扇、自行车拖车和儿童秋千有什么共同之处？如果你像许多人一样对机械装置有障碍，那么你对这些产品的体验可能是刚开始就想放弃了。为什么会这样？因为它们都需要组装。

尽管宜家已经将在家组装的平板包装家具作为其品牌价值的核心部分，但很少有其他制造商取得类似的成功。当人们打开一个包装盒，看到一张复杂的、海报大小的零件图，或者一本厚到可以用作门挡的安装手册时，购买新产品的兴奋感可能会迅速减弱。

我们都有过类似的经历：工具散落一地，身上汗流浃背，说明书被风吹走了……组装的部件摇摇晃晃地堆放在我们身边……不耐烦的孩子们在一旁仔细查看着我们的进度。产品组装可能是一种令人恼火、愤怒的体验。重塑用户体验的时机似乎已经成熟，一家总部位于得克萨斯州的初创公司抓住了这个机遇。

BILT 诞生于一个令人沮丧的夏日夜晚，当时一位软件销售主管在努力为他蹒跚学步的孩子组装一个沙箱时遇到了困难。在了解了 3D 组装说明在航空航天工业中的应用后，这位销售主管想知道是否可以将类似的方法应用于日常消费品。这个想法经这家软件公司酝酿，几年后成为一个独立的业务，形成了现在的 BILT。

BILT 的 App 提供了用于组装、安装和维护的数千种产品 3D 分步说明，从儿童玩具到车库门开门器，再到沙滩车。与纸质或基于视频的说明不同，BILT 是交互式的。如图 19-2 所示，用户可以围绕数字图表进行捏合、缩放和旋转，还可以通过手指轻触获得特定部件的详细信息。

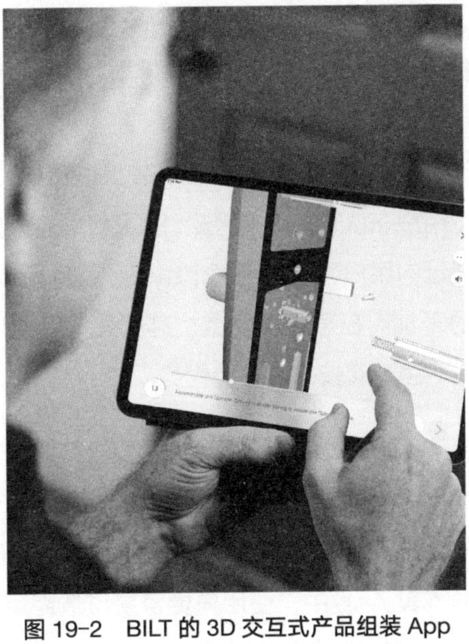

图 19-2　BILT 的 3D 交互式产品组装 App

资料来源：BILT。

BILT 有两类不同的用户：使用 App 的消费者（对他们来说这是免费的）和销售需要组装的产品的零售商或制造商（他们向 BILT 支付订阅费用，然后将他们的产品添加到 App 中）。BILT 给这两个群体都留下了深刻的印象，该公司过去几年超过 1 200% 的收入增长率证明了这一点。它还在《公司》杂志的“5 000 家增长最快的私营公司排行榜”中名列第 375 位。

消费者喜欢 BILT，因为它可以确保他们的高质量的组装经得起时间的考验，并让他们可以更快地完成组装。零售商和制造商也很喜欢 BILT，因为它减少了与组装相关的退货，避免了昂贵的客服电话费用，并提高了净推荐值。此外，它在用户生命周期的某些时刻也建立了积极的印象，比如当人们准备与他人分享他们的经验时，例如，在社交媒体上发布一张他们刚刚亲手组装的露台家具或刚刚安装的厨房新水龙头的照片。

BILT 通过利用 12 条法则中的几项法则精确定位用户需求，并设计出巧妙的解决方案，从而取得了成功。

- **保持认知简单。**这是 BILT 成功的核心原则。从根本上说，App 所做的就是保护用户免受复杂性的影响，并促进信息能够被用户理解。虽然它可能不会让组装工作在体力上变得轻松，但它确实使用户在认知上变得轻松。BILT 将信息分成易于理解的步骤，并仅通过向用户显示完成每个组装子任务所需的内容，屏蔽其他信息的干扰。在某种程度上，这就是 BILT 相对于教学视频以及虚拟或增强现实技术的体验优势。

- **创造与用户需求的相关性。**虽然 BILT 的解决方案显然与那些为组装产品而费力的消费者有关，但该公司也考虑了与订购其服务的零售商和制造商有关的问题。例如，BILT 将保修和注册信息融入其 App 中，使用户更容易与最终用户联系。BILT 还向制造商提供有关用户体验的分析，例如，向他们展示消费者在组装过程中实际会遇到的问题，从而帮助这些公司改进未来的产品设计。

- **为用户定制个性化体验。**从一开始，BILT 就对用户体验进行了积极的测试，以确定构建其工具的最佳方式。“我们深入真实的环境中，包括商店、家庭、车库和后院，观察人们的组装和安装行为。后来找到了令人大开眼界的模式。”BILT 董事长兼 CEO 纳特·亨德森（Nate Henderson）解释道。最终我们开发出了能够适应形形色色学习方法的 App，因此就可以根据用户的个人需求量身定制组装说明。如果你喜欢在组装东西的时候有语音旁白，你可以打开这个功能；如果你想在深入研究之前查看组装的概述，BILT 可以做到这一点；如果你以前组装过产品，并且只需要特定步骤的帮助，BILT 也可以提供帮助；如果你需要从不同的角度查看部件或组件动画，你可以随意旋转视图。无论你想以哪种方式浏览教学内容，BILT 都会为你提供帮助。

- **激发情感共鸣。**BILT 使一项可能令人望而生畏的组装活动化繁为简，并让用户相信他们确实能够做到。这种信心不仅塑造了组装体验，实际上还影响了购买体验——通过让消费者更轻松地完成所需的装配任务来提高销售转化率。

- **给予用户掌控感。**选择一个产品进行组装，BILT 的 App 会在一开始就告诉用户具体需要多少步骤，并提供预估的完成时间。这种期待设置消除了用户努力中的模糊性，并使用户感到更有掌控感。此外，该 App 在任何时候都能清楚地显示你正在进行的步骤，所以用户总是能知道他们已经完成了什么，还有哪些没有完成。

Framebridge：重塑保存记忆的方式

当苏珊·泰南（Susan Tynan）把 4 张国家公园的海报拿到当地的一家相框店装裱时，她不知道这次体验竟然让旅行本身黯然失色。

虽然泰南以每张 40 美元的价格买下了这些海报，但装裱这些海报的成本却是它们的 10 倍，要想把它们全部装裱起来，需要花费 1 600 美元，这真是令人震惊。虽然最终选择把海报装裱起来，但她还是带着震惊和疑惑离去。“怎么会有这种事发生在我身上？”她疑惑地问道。在她看来，这是一次可怕的体验，缓慢、昂贵和令人生畏。她后来回忆道：“收集这些海报的旅行真的很特别，但那次装裱体验却很糟糕。”她意识到，在定制装裱行业，这种糟糕的体验并不罕见，这让她走上了重塑保存记忆这一行业的道路。

2014 年，她推出了在线定制相框业务 Framebridge，其设计宗旨就是简单、快速、经济实惠。基于她第一次定制相框的糟糕体验，泰南将一些信念加入了她的业务，那就是坚持不懈地致力于让每个用户的体验都与众不同。

成立以来，Framebridge 已经筹集到了超过 8 000 万美元的风险资金，装裱了超过 100 万个商品。公司的发展速度很快，最近几个季度的销售额同比增长了 85%，一路走来，吸引了许多狂热的粉丝，该公司 80 的超高净推荐值就可以证明这一点。

泰南和她的公司取得这样的成功，是基于他们重新定义了这个行业的真正内涵，然后使用 12 条法则中的某些元素来编排用户体验，从而完美地支持了愿景。

- **激发情感共鸣。**在早期，泰南就知道她的业务不只是装裱。她在 2019 年的一次采访中解释说：“我们帮助人们用他们喜欢的照片和实物来让他们的生活更有意义。”是的，Framebridge 使定制相框变得简单和有趣。除此之外，考虑到顾客选择裱框的物品往往意义非凡，其中藏着他们的珍贵回忆，最终成品必定会引起强烈的情感共鸣。

- **为用户定制个性化体验。**当顾客打开 Framebridge 的盒子时，里面会附上一张专属的感谢信。这绝不仅仅是普通的感谢，而是关于你委托 Framebridge 装裱物品的真正个性化的信息。该公司装裱的每件作品（每年数十万件）都带着个性化的信息从肯塔基州的工作室发出。[①] 图 19-3 是我儿子收到的一封感谢信，被装裱的照片是他在伯克希尔山拍摄的落叶，然后他将照片作为节日礼物送给他的祖父母。

FRAMEBRIDGE

乔希：

我们在看到您的这些照片的时候，可以感觉到清新的空气扑面而来！

感谢您的信任，让我们为您把这些记忆装裱起来。我们希望您喜欢！

为您竭尽所能，

安娜・罗丝和 Framebridge 团队

我们在肯塔基州的里士满为您手工制作

图 19-3　Framebridge 个性化感谢信的例子

资料来源：乔恩・皮科特。

① Framebridge 这种独特的体验是如何实现批量生产的？技术发挥了重要的作用。用户提交的图片被发送到一个小组，员工会审阅每张图片，斟酌框架和设计细节，然后在系统中键入相关的个性化说明。当产品准备好发货时，这张感谢信就会在 Framebridge 的工厂按需印刷，并将其插入到成品中。

- **为用户设计愉悦的惊喜。**想象一下，当我和儿子读到那张个性化的卡片时，我们有多么惊讶。它是如此精心，如此明确地为儿子提交的特定项目量身定制。这是一个完全出乎意料的举动，它创造了一个令人难以捉摸的体验高峰，从而形成了不可磨灭的记忆。

- **着重打造完美的收官。**就其本质而言，Framebridge 体验以一种愉快的方式结束，因为用户打开包装，看到了装裱精美的照片、艺术品或纪念品。然而，通过个性化的感谢信，该公司放大了与最终接触点相关的积极情绪，创造了一个完美的结束高峰，这将大大影响人们对整个体验的看法。

- **设计每一处细节。**当 Framebridge 收到用户的反馈，说他们很难把相框挂在墙上时，之后该公司就在所有成品上都预装了悬挂的五金件。Framebridge 只使用有涂层的悬挂线，尽管这种挂线比其他材料更贵，而且对工厂来说也更难操作。但为什么要这样做呢？因为如果当悬挂着的框架被取下时，无涂层的金属线会在墙上留下一个黑色的印记，这就是对细节的关注。个性化的感谢信也基于公司的细节导向。厚实的哑光卡纸上印制着精致优雅的字体，散发着一种高贵的气息。底部的小字温情地提醒着：刚刚收到的一切都是我们“为您手工制作”的。正如泰南解释的那样：“我相信，我们将因对小细节的执着而赢得胜利，我认为这是其他装裱商没有的一种竞争优势。”

- **关注并维护用户的利益。**Framebridge 以其物美价廉而自豪。在他们的网站上输入你需要的框架大小，他们就会告诉你具体的价格。完全没有在定制框架行业中所存在的隐藏费用，也没有追加销售的压力。另外，此价格已包含了将非数字物品发送到公司和将成品运送给用户的所有费用。他们的商业模式实际上扩大了市场的规模，使人们能够保存和展示他们原本可能不会想到要装裱的重要物品。

- **给予用户掌控感。**Framebridge 在制作过程中给用户一种掌控感，如果没做好，就会感觉有点像第 12 章中描述的那些未知长度的队列，即我把我的艺术品送入了“黑洞”，然后不知道会发生什么。在网站上，该公司清楚地列出了流程中的每个步骤及从下单到收到商品的预估时间。对于向 Framebridge 寄实物的用户，该公司提供了保护性的预付运费包装。他们一收到用户的物品，就会发一封确认邮件。然后，一旦检查了物品并确认其状况良好，他们还会发送另一封状态邮件，告诉你物品已经可以进行装裱了。Framebridge 设定了期待并让用户了解情况，减轻了用户将有价值的个人物品寄给第三方时可能产生的负面情绪。

特斯拉：将汽车用户体验推向新高度

在“特斯拉”成为电动汽车品牌之前，它是磁场强度的官方测量单位，是对著名工程师尼古拉·特斯拉（Nikola Tesla）发明的致敬，他的许多发明都是基于其对磁性的研究。因此，电动汽车特斯拉以这位著名科学家的名字命名是很合适的，因为它为用户带来了一种非常有“磁性”的体验。

特斯拉称得上是世界上最成功的电动汽车制造商，其市值超过了全球 5 大最畅销汽车制造商市值的总和。用户对特斯拉的热情无与伦比。在过去几年中，该公司的汽车在《消费者报告》（*Consumer Reports*）的“年度车主满意度”排行榜上一直荣登榜首。十几年前，特斯拉刚刚售出第一辆汽车，然后就进入了一个竞争激烈、素来排斥新进入者的行业。

然而后来，特斯拉克服种种困难，重新定义了消费者对电动汽车的看法，并因此重塑了汽车行业。它通过向市场推出实体产品和周边服务，创造了一种让人们津津乐道、争相购买的用户体验，从而实现了这一不可思议的壮举。以下只是他们将 12 条法则付诸实践的许多方法中的一些示例：

- **关注并维护用户的利益。**特斯拉以多种方式展现了对用户利益的维护，首先明确了企业的使命："加速世界向可持续能源的转变。"它不仅仅是一家汽车公司，还在为一项对目标用户更有意义的伟大事业而拼搏。在车辆使用过程中，特斯拉通过无线传输更新来提升车辆的功能、性能和易用性从而为用户服务。同样，技术可以用来检测汽车是否出现故障，如果出现问题，他们会提醒车主，甚至提前订购更换零件，以避免服务延误。绝大多数维修工作都可以由特斯拉的移动服务部门完成，这涉及另一个法则，即让车主易于使用。在极少数情况下，当维修必须在特斯拉商店完成时，特斯拉会为用户指定一名技术员，对整个过程负责，包括直接与用户沟通。

- **激发情感共鸣。**传统的购车经历可能会引发各种负面情绪，比如来自高压销售策略的压迫感、对价格模糊和需要谈判的不安，以及对是否获得最划算价格的担忧。特斯拉通过雇用固定薪资销售人员来消除这些负面情绪，这些人员的工作是指导，而不是推销。这是一个无需讨价还价的购买过程，它促进的是快乐而不是烦恼，这是对特斯拉首席执行官埃隆・马斯克所坚持的"购买特斯拉应该是一种愉快的体验"信念的致敬。

- **创造高峰，避免低谷。**就像这本书中提到的所有公司一样，特斯拉非常欣赏对端到端用户体验的积极管理。因此，2012 年以来，该公司投资建设了一个巨大的全球充电站网络，它已超过 2.4 万个，并且还在增加。其他汽车制造商的电动汽车依赖于第三方建立的充电网络，速度要慢得多。特斯拉敏锐地认识到，稀疏的充电网络会给用户带来实际和想象中的问题，比如他们担心自己的车在到达目的地之前就没电了。特斯拉部署的强大充电网络避免给未来的用户带来潜在的灾难性体验低谷。

- **保持认知简单。**我们在第 10 章中讨论了特斯拉如何在购买过程中降低用户的认知努力。他们在售后也是这样做的，尽量减少用户拥有电动汽车后的脑力劳动。用户无须复杂地计算耗电量，也无须考虑何时何地需要充电。每辆车的车载电脑都内置一个行程计划程序。输入你的目的地，它就会马上为你安排路线，在你需要充电的时候精确地绘制出一条包括在充电站停靠的路线。当你准备停下来充电时，汽车会自动提醒你是否有足够的电量可以到达下一站。

- **设计每一处细节。**特斯拉汽车从内到外，都展现出时尚而运动的风格。当你坐上特斯拉 Model 3，如图 19-4 所示，你会被其极简主义设计所震撼。它简单而时尚，15 英寸的触摸屏安装在非常整洁的仪表板上。特斯拉首席设计师弗朗茨・冯・霍兹豪森（Franz von Holzhausen）解释道：“我们所设计的一切不仅要美观，还必须实用。”特斯拉似乎考虑了用户体验方方面面的内容，甚至在车载娱乐系统中加入了过滤“少儿不宜歌词”的开关，保护儿童免受影响。这种对细节和风格的关注延伸到特斯拉实体店，让人联想到星巴克而不是汽车经销商的风格，店内提供免费国际电话、咖啡吧台和互联网终端等服务。

苹果、宜家、BILT、Framebridge 和特斯拉都是因本身的与众不同而取得巨大成功的企业典范。在某些情况下，这些公司在成熟的市场中脱颖而出。在其他情况下，他们创造和主导了全新的类别。但在所有情况下，他们的成功都源于对用户体验的持续关注，以及多种用户体验设计技术的应用，这些技术都源于你现在所熟知的 12 条法则。

图 19-4 特斯拉 Model 3 仪表盘

资料来源：特斯拉。

对用户体验持怀疑态度的人可能会认为，这些公司和其他类似公司创造的优势远非可持续的。另一家家具商店可以发布自己的增强现实手机 App；工艺品零售商可以提供在线装裱服务，甚至在每件作品中都附上一封个性化的感谢信；传统汽车制造商可以选择以固定薪资为基础的销售人员，以减少购车过程中用户的情感负担。

但是，虽然有些体验特色可能很容易复制，但与用户体验领先公司相关的整个生态系统却很难复制。整个生态系统指的是他们对良好的以用户为中心的产品和服务设计的深入了解。他们坚定不移地致力于从外到内的运营。他们始终强调从用户出发，然后逆向工作，以设计出最合适的体验。

这种用户体验思维，以及对相关用户体验设计机制的把握，有助于将卓越的公司与模仿者区分开来。卓越者不仅擅长使用一个正确的杠杆，而且擅长使用所有正确的杠杆，这使得他们能够创造令人印象深刻的用户体验，不仅在今天引起共鸣，同时敏锐感知并不断创新，以创造出未来也能引起共鸣的体验。这就是传奇企业能够始终保持领先地位，建立起极高的用户忠诚度，并总能战胜竞争对手的原因。

毫无疑问，用户体验差异化是一项需要高度自律和专注的努力。要坚持不懈，因为最终它将使你的组织更强大，你的用户和员工更忠诚。

现在是时候打造你自己的终身粉丝群体了。

第 20 章

你痴迷于创造真体验，用户就会痴迷于你

科学设计用户体验的力量

想象自己成为每个人都想与之合作的公司，无论是《财富》500 强企业还是小商店，对人们有很强的吸引力。这些组织不必担心下一个用户从哪里来，因为他们的财富是由众多粉丝的回购和推荐所推动的。

再想象自己成为每个人都想为之工作的雇主，能将最有才华的人吸引过来。在这样的公司中，员工都很敬业，时刻准备着把每一次与用户的互动变成差异化竞争的来源。

这本书中介绍的是基于科学的智能的体验设计应用于用户、员工或任何你想要打动和影响的受众时所展现的力量。当你开始将这些技术应用于你的角色和组织时，一定要充分利用我们在本书中介绍的诸多概念和策略。

对用户体验抱一种全方位的观点。还记得亚马逊的包装怒事件吗？该公司对用户可能遇到的一切都很关注，包括产品的包装。用户体验不只是用户

服务、产品交互体验或用户忠诚计划，它还包含了用户可能遇到的每一个现场接触、印刷宣传品或者线上互动。

广泛考虑你的用户是谁。对用户的狭隘看法可能会让你错失机会。用户不仅仅是分销链的下一个环节，你所接触的对象还包括购买决策者、决策影响者、最终用户、销售中介等。你必须为你的企业所依赖的所有群体创造一个积极的、量身定制的体验。此外，不要忘记你可能服务的所有内部用户——那些依赖你和你的工作来为他们服务的人提供良好体验的同事。

通过用户创造复购和推荐

不要只追求满意度，而要给用户留下深刻印象。最高目标不是用户满意度，而是从用户体验中获得竞争优势需要的更多东西。这需要给你的用户留下不可磨灭的积极印象，这样他们就会想要继续与你合作，并会向其他人推荐。

塑造记忆，而不仅仅是体验。培养回购和推荐行为的一个重要部分是管理人们如何记住他们与你和你的组织的互动。这些事后回忆会影响用户对品牌的认知，有助于培养或破坏品牌忠诚度。在用户体验战略中，把制造记忆放在最前面的中心位置，因为这是创造持久良好的印象、推动品牌宣传的关键。

精心设计每次用户体验。记住，出色的用户体验就像一场精心编排的演出。这并不是说它过于流程化，相反，它是精心策划的，不能有任何意外。有意识地设计用户体验的各个方面，对如何设计每个接触点做出慎重的决定。

破除关于用户体验花费方面的不实说法。你可能赞同用户体验差异化的理念，但也许你需要说服那些掌握资金的人。通过对同事分享用户体验经济学方面的知识，佐证自己的观点，破除那些认为良好的用户体验的好处是无形的意识形态的，或者更好的体验必须花费更多等常见的误解。援引本书中的分析和案例研究，证明用户体验领先公司在收入增长、成本效率和股东整体绩效方面所享有的非常明显的“忠诚度提升”。

让用户痴迷于你的终极魔力

- 走入用户体验的真实场景。在这本书中，你一定发现公司和用户之间存在巨大的认知鸿沟，前者比后者更倾向于看重用户体验质量。不要掉进那个陷阱。离开你的办公桌，把自以为是抛在身后，从你的用户和为他们服务的员工的角度出发，深入现场，去获得未经过滤的体验。由此获得的洞察将有助于推动用户体验的改善工作。

- 采取切实可行的方法来利用 12 条法则。避免过于复杂。出色的用户体验设计确实需要一些复杂性，但 12 条法则有助于将这一努力转化为更简单的实践。这些法则为你提供了一套构建模块，其中许多模块可以立即使用，在某些情况下几乎不需要投资。可以从小处开始，但至少要开始，因为即使是最小的进步也有助于你在用户和员工眼中为改善用户体验付出的努力建立信誉。

- 忠诚地领导员工。培养用户和公司之间的忠诚度的特质与培养员工和领导之间的忠诚度的特质没有太大区别：你是否响应迅速？你的沟通是否清晰透明？你的员工在与你互动后是否比沟通前感觉要好？这些都是通过应用 12 条法则，并以身作则地在员工中鼓励以用户为中心的行为可以得到的结果。事实上，将许多优秀的公司用来吸引忠诚用户的技巧用在你自己的员工身上，也可以取得显著效果。如果你处于领导地位，一定不要浪费这个机会。

这本书中所强调的那些杰出、成功的公司都对用户体验的构成有着全方位的认知。从售前到售后，他们在塑造与用户的互动方面一直是有意识的、深思熟虑的。这激发了用户对其产品和服务的极大热情，并留下了深刻的记忆。

其中一些公司甚至可能自己都没有意识到，他们采用的是一套行之有效的用户体验设计法则，而这些法则在他们之前的传奇公司中得到了有效的运用。但现在你知道了一些其他公司的领导人在努力实现业务差异化时可能并不明确了解这 12 条法则到底是什么。你不必等到碰巧用到它们的时候，现在就可以有意识地去运用它们。无论你为哪种类型的用户服务，你都可以通过 12 条法则的视角来评估和改善他们的体验，为个人和职业上的卓越铺平道路。

因此，让你的竞争对手去追求用户满意度吧，而你会使他们刮目相看。提供一种端到端的体验，这种体验在精湛性、专业性和相关性方面一定都非常出色。因为传奇公司的经验很明确：如果你痴迷于创造真体验，那么你的用户就会痴迷于你。

注释和索引

FROM IMPRESSED
TO OBSESSED

考虑到环保的因素，也为了节省纸张、降低图书定价，本书编辑制作了电子版的注释和索引。请扫描下方二维码，直达图书详情页，点击“阅读资料包”获取。

未来，属于终身学习者

我们正在亲历前所未有的变革——互联网改变了信息传递的方式，指数级技术快速发展并颠覆商业世界，人工智能正在侵占越来越多的人类领地。

面对这些变化，我们需要问自己：未来需要什么样的人才？

答案是，成为终身学习者。终身学习意味着永不停歇地追求全面的知识结构、强大的逻辑思考能力和敏锐的感知力。这是一种能够在不断变化中随时重建、更新认知体系的能力。阅读，无疑是帮助我们提高这种能力的最佳途径。

在充满不确定性的时代，答案并不总是简单地出现在书本之中。“读万卷书”不仅要亲自阅读、广泛阅读，也需要我们深入探索好书的内部世界，让知识不再局限于书本之中。

湛庐阅读 App：与最聪明的人共同进化

我们现在推出全新的湛庐阅读 App，它将成为您在书本之外，践行终身学习的场所。

- 不用考虑“读什么”。这里汇集了湛庐所有纸质书、电子书、有声书和各种阅读服务。
- 可以学习“怎么读”。我们提供包括课程、精读班和讲书在内的全方位阅读解决方案。
- 谁来领读？您能最先了解到作者、译者、专家等大咖的前沿洞见，他们是高质量思想的源泉。
- 与谁共读？您将加入优秀的读者和终身学习者的行列，他们对阅读和学习具有持久的热情和源源不断的动力。

在湛庐阅读 App 首页，编辑为您精选了经典书目和优质音视频内容，每天早、中、晚更新，满足您不间断的阅读需求。

【特别专题】【主题书单】【人物特写】等原创专栏，提供专业、深度的解读和选书参考，回应社会议题，是您了解湛庐近千位重要作者思想的独家渠道。

在每本图书的详情页，您将通过深度导读栏目【专家视点】【深度访谈】和【书评】读懂、读透一本好书。

通过这个不设限的学习平台，您在任何时间、任何地点都能获得有价值的思想，并通过阅读实现终身学习。我们邀您共建一个与最聪明的人共同进化的社区，使其成为先进思想交汇的聚集地，这正是我们的使命和价值所在。

Jon Picoult

From Impressed to Obsessed: 12 principles for turning customers and employees into lifelong fans

ISBN 978-1-264-25878-9

图书在版编目（CIP）数据

浙江省版权局
著作权合同登记号
图字:11-2025-091号

真体验 / (美) 乔恩·皮科特 (Jon Picoult) 著 ; 马俊斌译. -- 杭州 : 浙江教育出版社, 2025. 7.
ISBN 978-7-5722-9954-4

Ⅰ. F272

中国国家版本馆 CIP 数据核字第 2025075H2G 号

上架指导：企业管理 / 市场营销

真体验
ZHEN TIYAN

[美] 乔恩·皮科特（Jon Picoult）著
马俊斌　译

责任编辑： 洪　滔
美术编辑： 韩　波
责任校对： 高露露
责任印务： 陆　江
封面设计： Nod Young

出版发行： 浙江教育出版社（杭州市环城北路 177 号）
印　　刷： 河北鹏润印刷有限公司
开　　本： 710mm ×965mm 1/16　　**插　　页：** 1
印　　张： 15.75　　**字　　数：** 232 千字
版　　次： 2025 年 7 月第 1 版　　**印　　次：** 2025 年 7 月第 1 次印刷
书　　号： ISBN 978-7-5722-9954-4　　**定　　价：** 109.90 元

如发现印装质量问题，影响阅读，请致电 010-56676359 联系调换。